REENCONTRO

SIDNEY F. FERNANDES

RENCONTRO

Catalogação na Fonte do
Departamento Nacional do Livro

F363r   Fernandes, Sidney F..
Reencontro / Sidney F. Fernandes. – Bauru, SP: CEAC, 2012.
168p.; 14 X 21 cm

ISBN 978-85-86359-94-1

1. Espiritismo   2. Doutrina espírita   I. Titulo.

133.9

Capa: Milton Puga
3ª Edição – fevereiro de 2013
3.000 exemplares
4.501 a 7.500

Copyright 2012 by
Centro Espírita Amor e Caridade
Bauru (SP)

Edição e Distribuição

CEAC – Editora
Rua 7 de Setembro, 8-56
Fone/Fax (14) 3227-0618
CEP 17015-031 – Bauru (SP)
www.ceac.org.br/editoraceac@ceac.org.br

Diagramação – Samantha Alves
Revisão de Língua Portuguesa – Jacque Lopes
Revisor – José Mauro Progiante/Colaborador

"A ação emana daquilo que fundamentalmente desejamos."

Harry Overstreet

Sumário

Reencontro com a fé 12

A volta do peixinho vermelho 15

Cura pela mente 19

Fé: virtude ou conquista pessoal? 23

O último minuto 29

O milagre 35

Engano que se desfaz 39

O por quê da dor 45

O futuro já começou 51

Opção pela vida 55

Médicos e anjos 61

Um homem chamado Amor 65

Soltar ou prender? 71

Voltaram para contar 75

Eu quero morrer! 79

Papais noéis de verdade 83

A segunda chance 87

Dor e comportamento 91

A verdadeira cura 95
Maktub – Estava escrito? 99
Bullying – Crueldade ou falha na educação? 103
Os doze passos para a sobriedade 107
Os milagres do amor 111
Realengo, **bullying** e Bin Laden 115
Começando por mim 119
Quando é preciso dizer não 123
Precisa-se com urgência 129
Vitiligo 133
A volta do vô Joaquim 137
Uma alma que se encontra 141
O oficial espírita e o cão 151
Nasceram para servir 155
Um cadáver muito vivo 161

Reencontro com a fé

A Doutrina Espírita não pratica o proselitismo. Daí ser considerada, não raramente, elitizada. E de certa forma o é, não no sentido literal e pejorativo, distanciando-se dos "não escolhidos", mas sim no sentido de oferecer o atrativo da razão, das respostas aos por quês, sem acenar com fórmulas mágicas ou soluções espetaculares.

Não é fácil ser espírita. Escorando-se nas leis naturais, propõe o Espiritismo que cada pessoa resolva sua situação com transformação moral e muito esforço para domar as más inclinações. Daí a dificuldade de um expositor espírita. Falamos para plateias que já conhecem perfeitamente suas obrigações. Volta e meia "chovemos no molhado", dada a obviedade de nossas mais caras pregações. O problema está simplesmente na prática daquilo que a maioria já sabe e não exercita.

Como então "converter" as pessoas? Não se consegue. Sem atrativos mágicos, o convite da Doutrina Espírita aguarda que "a ficha caia" e passemos a fazer o melhor por nós mesmos. "A ação emana daquilo que fundamentalmente desejamos... E o melhor conselho que se pode dar às pessoas... É despertar nelas um desejo ardente." Na frase do Professor Harry Overstreet, citada por Dale Carnegie em seu livro Como Fazer Amigos e Influenciar Pessoas, *essa é a fórmula do convencimento. O problema é que normalmente as pessoas não estão dispostas a pagar o preço para obter a sua felicidade. E a Doutrina Espírita a ninguém engana. Mostra o duro, porém verdadeiro, caminho que cada espírito precisará trilhar se realmente estiver disposto a abreviar o tempo de reencontro com os ditames divinos. A única maneira de nos convencermos da grandiosidade dos conceitos doutrinários espíritas – que nada mais são do que a revivescência da proposta de Jesus – é passar a praticá-los, despertar em nosso interior um desejo ardente, transformá-lo na coisa mais importante da nossa vida e, a exemplo de Santo Agostinho, passar a nos conhecer e adquirir a grande força necessária à nossa grande transformação.*

Bauru, Natal de 2011.

1948@uol.com.br
www.sidneyfrancez.com.br
www.1948.blog.uol.com.br
www.radioceac.com.br

A volta do peixinho vermelho

"No centro de formoso jardim havia um grande lago, adornado de ladrilhos azul-turquesa."

Assim, Emmanuel começa a *História do Peixinho Vermelho*, na introdução do livro *Libertação*, de André Luiz.

Recordando antiga lenda egípcia, o autor nos conta a aventura de um peixinho que lutava muito para sobreviver. Enormes e indolentes peixes cuidavam de si próprios. O peixinho tinha que se virar para sobreviver, entre o calor e a fome.

Na correria constante, habituou-se ao trabalho e ao estudo. Em pouco tempo, conhecia mais do que ninguém cada palmo do recinto, a localização exata dos azulejos, os buracos, a entrada de água e o escoadouro. Emmanuel descreve então o primeiro grande momento do peixinho vermelho. Diante do escoadouro, antevê a grande possibilidade da pesquisa e da aventura. Corajosamente, toma a decisão de ir adiante. Ansiava por novos aprendizados. Mesmo sendo magro e de pequeno tamanho, teve que se espremer e se concentrar para passar pelas grades estreitas. A recompensa, porém, não tardou a surgir. Do rego d'água foi para um pequeno e depois para um grande rio. Surgiram novas paisagens, flores, sol, peixes e, finalmente, o mar.

Emmanuel conta com maravilhosos detalhes os momentos de liberdade do peixinho. Mas eis que chegamos ao segundo grande momento desta história. Não obstante, seguramente bem instalado com outros "peixinhos vermelhos" que compartilhavam seus esforços de trabalho e de progresso, passou a se lembrar dos seus antigos companheiros do pequeno lago.

Ali estava em segurança, com garantia de sobrevivência, protegido de qualquer estiagem. Se pensasse egoisticamente em si, nada precisaria fazer, só usufruir daquele paraíso. No entanto, essa acomodação não era de sua índole. Por isso, novamente encheu-se de coragem e tomou nova decisão: faria de tudo para esclarecer e salvar os amigos que haviam ficado para trás, sujeitos às intempéries e à seca.

Não hesitou! Estimulado pelos novos e generosos amigos, empreendeu a grande viagem de volta ao pequeno lago no meio do jardim. Varou a grade e procurou ansiosamente os velhos companheiros. Gritou que estava de volta. Mas não houve quem lhe prestasse atenção. Ninguém havia percebido sua ausência.

Informou que existia outra vida, muito mais rica e surpreendente fora do escoadouro. Porém, o acesso a essa nova e definitiva vida tinha um preço: todos precisariam emagrecer, trabalhar e estudar. Como ele fizera.

Ninguém acreditou nele. Aquela história de riachos, rios e oceanos era mera fantasia de um cérebro demente. Expulso a golpes de sarcasmo, o peixinho vermelho voltou ao mar, e lá se instalou, aguardando o tempo.

Depois de alguns anos, ocorreu pavorosa seca. As águas desceram de nível. E o poço onde viviam os peixes preguiçosos e vaidosos esvaziou-se, levando a comunidade inteira a perecer, atolada na lama.

ೞഠ೧ഃ

A imagem apresentada por Emmanuel guarda grande semelhança com o nosso mundo atual. Encaramos os mensageiros do alto com incredulidade. Mas deixamos para pensar nesse assunto mais tarde. Inúmeros "peixinhos vermelhos" retornaram e estão retornando à terra, movidos pelo desejo sincero de nos ajudar.

Voltam inspirados pela Espiritualidade Maior, para nos ensinar o caminho do progresso e abrir os nossos olhos para a real finalidade da vida na terra. "Estamos encarregados de preparar o reino do bem anunciado por Jesus*". Mas a cada dia que passa parece que nós, homens, nos deixamos atrair cada vez mais pelo poder e pela matéria. Empolgamo-nos pelo hoje, ignorando as oportunidades, os alertas, os convites da vida verdadeira. "O homem é quase sempre o agente de sua própria infelicidade. O homem bem compenetrado de sua destinação futura vê na vida corporal apenas uma estação temporária**".

Esse é o momento de refletirmos e prepararmos para a vida futura, a espiritual, encarando nossa existência na terra como passageira, preparatória para a vida verdadeira. Nossa felicidade ou infelicidade é mera consequência das nossas semeaduras. Em vez de teimarmos nesse jogo de "faz de conta", será que não está na hora de investirmos no futuro, na vida espiritual? Antes que seja tarde demais e tenhamos que começar tudo de novo?

* Kardec LE 627 ** Kardec LE 921

Cura pela mente

Sempre encarei com certo ceticismo essa história de se curar através do pensamento positivo. Nada contra a ideia lógica, irretorquível da "descarga" magnética das nossas imperfeições, que acabam plasmando as doenças em nosso físico. A cura verdadeira, sem dúvida, vem da saúde do espírito. Mas dá para superar determinada doença simplesmente através de uma afirmação mental? Inverossímil. Coisa para faquir.

Até que o meu amigo Joanico, espontaneamente, contou-me sua experiência. Depois de longo tratamento de refluxo gástrico, disse claramente ao médico:

-Estou melhor, mas não me sinto curado.

Mais remédios, daqueles de violenta reação colateral. Regime alimentar, bravo. Nenhum alimento passaria incólume pela vigilância médica.

Foi quando, quase por acaso, sentou-se na mesma mesa de uma irmã de crença – ele é católico, atuante, – numa promoção beneficente: terapeuta floral, homeopata e profunda observadora da criatura humana.

-Não são os alimentos que estão fazendo mal. Você é que não os está recebendo bem – tentou explicar.

-Como assim? Não entendi, – falou nosso amigo.

-Passe a observar-se. Procure identificar alguma contrariedade ou preocupação quando o refluxo se manifestar, – orientou a profissional.

Se fosse comigo, não funcionaria. Sou péssimo observador de mim mesmo. Mas meu amigo não. Ele é meticuloso, inteligente e detalhista. Percebeu, inicialmente, que quando dava bronca em seu filho, a comida já descia "raspando" o esôfago. Depois notou que, próximo aos dias de pagamento das contas, o mal se agravava. Não é que Joanico começou a detectar uma correlação entre o seu humor, sua receptividade, seu estado emocional e as crises de refluxo? Dias atrás me informou:

– Quando consigo dominar minhas emoções, as crises não aparecem.

Está em franco progresso de domínio de suas reações e contrariedades, num autêntico processo de "conhece-te a ti mesmo", com excelentes resultados. Resultados palpáveis, comprovados por sua melhora física e pelos familiares que o veem agora mais comedido e equilibrado. Um processo de cura de dentro para fora, com certeza.

Há uma tendência dos reencarnacionistas, particularmente espíritas, de explicar dores e sofrimentos como questões mal resolvidas em vidas anteriores. Richard Simonetti, escritor espírita, em interessante estudo no seu livro *Bem-Aventurados os Aflitos*, relembra que existem dores às quais não estamos inapelavelmente sujeitos por desacertos do passado. Vimos através do relato de Joanico que, se não dominarmos nossas emoções, elas viram doenças. Isso pouco tem a ver com vidas anteriores, mas sim com cuidados na vida presente.

Assim como aconteceu com Joanico, que se livrou de refluxos gástricos por meio de um louvável esforço pessoal, há muitas situações que todos nós podemos evitar. Excessos alimentares, vida sedentária, déficit de sono, vícios, sentimentos de ódio, rancor, prepotência, mágoa, preguiça, desânimo e pessimismo atingem em cheio nosso corpo de forma negativa.

Controlando e minimizando essas situações, estaremos "lavando a roupa" na medida em que ela aparece, evitando "jogar essa sujeira para baixo do tapete". Essas sim, se não administradas e "higienizadas" na vida atual, poderão se transformar em males que gerarão mais dores, em futuro próximo ou distante. Poderão, dessa forma, virar realmente sofrimentos cármicos de "vidas anteriores", que se refletirão em existências futuras.

Que tal imitarmos o exemplo do nosso personagem

e passarmos a controlar os nossos excessos? Será para o nosso próprio bem!

Fé: virtude ou conquista pessoal?

Pancora está na sala de espera de um grande hospital. Aguarda a angioplastia de Verônica Regina, sua esposa. É um local solitário, nada pode fazer além de esperar até que as notícias cheguem. Ora, vibra, chora, sua, rói as unhas... O medo e a preocupação tomam conta e, então, com ela surgem as imagens negativas. A possibilidade de uma cirurgia de emergência não está descartada. Nesse misto de dor, solidão e preocupação, ouve uma voz. Era o cirurgião, num dos intervalos do procedimento, à porta da sala, conversando com colega de trabalho. Ele parecia estar absolutamente seguro e sereno, descontraído e feliz. Mesmo sem ver Pancora, transmitiu-lhe total confiança, e de certa forma chamou o solitário e desamparado marido às falas. Era preciso lembrar que, ao lado da competência dos médicos, os mensageiros de Deus estavam dirigindo os acontecimentos. A paciente estava em boas mãos e tudo iria correr bem. Sua bondade e seus méritos a credenciariam a receber, mais uma vez, a proteção divina. E se fosse de outra forma, ainda assim seria preciso aceitar o planejamento da espiritualidade.

A angioplastia demorou uma hora. De repente, ouvidos atentos, ouve um conhecido riso no corredor. Era Verônica Regina de volta à vida.

༄༅

A fé, a absoluta confiança nos desígnios de Deus, é inata ou é uma conquista pessoal? Depende do nosso esforço e concentração?

Deveria ser uma coisa absolutamente natural, considerando que "sempre se tem perto de si seres superiores, sempre prontos para aconselhar, sustentar, ajudar a escalar a áspera montanha do bem...*". Mas não o é. Basta surgir um obstáculo mais sério, um momento difícil para nos desequilibrarmos. O medo e a dúvida tomam conta. Provavelmente, lá dentro, nosso íntimo pode raciocinar:

– Os anjos da guarda devem estar muito longe. Não

---

* Kardec LE 495

vão se preocupar com um pobre mortal como eu!
Ledo engano.

"Aos que pensam que é impossível para os Espíritos verdadeiramente elevados se sujeitarem a uma tarefa tão árdua e de todos os instantes, diremos que influenciamos vossas almas estando a milhões e milhões de quilômetros. Para nós o espaço não é nada...*".

Mesmo com toda sorte de orientações e depoimentos com que Jesus e o Espiritismo nos presentearam, geralmente a nossa fé não se aproxima daquela que foi atribuída ao centurião romano: "Em verdade, em verdade, vos afirmo que nem mesmo em Israel encontrei semelhante fé**".
Por que isso acontece? A fé não deveria ser inata? Não deveríamos nascer já preparados para crer?

"Em certas pessoas, a fé parece de algum modo inata; uma centelha basta para desenvolvê-la. Essa facilidade de assimilar as verdades espirituais é sinal evidente de anterior progresso. Em outras pessoas, ao contrário, elas dificilmente penetram, sinal não menos evidente de naturezas retardatárias. As primeiras já creram e compreenderam; trazem, ao renascerem, a intuição do que souberam; estão com a educação feita; as segundas têm tudo que aprender; estão com a educação por fazer. Ela, entretanto, se fará e, se não ficar concluída nesta existência, ficará em outra***".

Parece que as coisas começam a se esclarecer. Algumas

* Kardec LE 495   ** Mateus, 8:5-13 e Lucas, 7:1-10   *** Kardec, O Evangelho Segundo o Espiritismo, cap. XIX

pessoas já "nascem" com fé, já creram e compreenderam. Outras deverão conquistá-la. E como somos ciclotímicos! Ora damos verdadeiros testemunhos de absoluta confiança em Deus. Em outras ocasiões nossas orações não nos elevam a um palmo do chão. Daí explicam-se aqueles instantes de medo e insegurança vividos por Pancora, da nossa dramática história. Mas também se explica a sua súbita retomada de equilíbrio. Pancora, naquele momento, estendeu suas antenas espirituais e conseguiu "ouvir" as vozes dos seus protetores do outro plano. Os chamados anjos da guarda "estão sempre ao nosso lado, por ordem de Deus*". Deveríamos sempre acreditar nessa realidade, incondicionalmente. Se ainda não o fazemos é porque ainda não conquistamos a fé verdadeira.

Nesse caso, é uma questão de aprender. Estamos com a educação por fazer. Como aprender a ter fé? Em primeiro lugar, devemos aceitar que nenhum dos enviados do Senhor está sujeito aos nossos caprichos: "Deus não pode mudar a ordem da natureza ao sabor de cada um, porque aquilo que é um grande mal, do vosso ponto de vista mesquinho, para a vossa vida efêmera, muitas vezes é um grande bem na ordem geral do universo*".Em seguida, devemos entender e aceitar a regra natural do merecimento. Os males que causamos retornam para nós, da mesma forma que todo bem ou alegria que realizamos. "... De quantos males é o próprio autor, por sua imprevidência ou por suas faltas. (...) Não obstante, os vossos justos pedidos são em geral mais escutados do que julgais**".

*(Kardec LE 495) ** Kardec LE 663

Finalmente, na educação para o surgimento da nossa fé, devemos entender que a natureza não dá saltos. Não há palavras mágicas ou milagres por atacado. Deus nos assiste "por meios tão naturais que vos parecem o efeito do acaso ou a força das coisas". "Frequentemente ele vos suscita o pensamento necessário para sairdes por vós mesmos do embaraço**". E se nesta encarnação ainda não somos "graduados" em fé, resta-nos o esforço de estudar, aprender e aceitar a vontade de Deus, sua generosidade e sua influência em nossas vidas, sempre tendo em conta a perfeita definição: "Fé inabalável é aquela que pode encarar a razão face a face, em todas as épocas da humanidade***".

** Kardec LE 663   *** Kardec, O Evangelho Segundo o Espiritismo, cap. XIX

O último minuto

O paciente estava com um tumor maligno disseminado pelos ossos. O médico chegou à noite e o encontrou pálido e desanimado. Não tinha forças nem para virar o corpo no leito. Desesperado, fez um patético apelo ao seu médico. Dizia já ter vivido o suficiente. Estava cansado e não fazia nenhuma questão de continuar vivo. Sabia o quanto estava dependente e via a sua mulher chorar por sua causa. Queria morrer!

Seria um ato de piedade do médico. O paciente era um intelectual italiano. O médico era o Dr. Dráuzio Varella, que narra o caso em seu livro *Por um Fio*. Dr. Dráuzio imediatamente recusou-se a adotar qualquer providência nesse sentido. Entendia aquele pedido extremo porque sabia que o paciente estava vivendo um intenso momento de indisposição, mas sabia que, após uma transfusão de sangue, ele teria outro ânimo. Meio incrédulo, o paciente aquietou-se com a assistência da esposa, que a tudo acompanhava.

No dia seguinte, quando o médico voltou ao quarto, o doente estava de barba feita, comendo meio mamão com a colher. Cinco dias depois, sem ter voltado a tocar no assunto, teve uma embolia pulmonar fulminante, enquanto assistia à TV.

ℰℭ

O comportamento do médico Dráuzio Varella diante daquela delicada situação foi plenamente coerente com a posição da Doutrina Espírita. Se não vejamos:
"O que parece um mal nem sempre é. Frequentemente, do mal que vos aflige sairá um bem muito maior. É o que não compreendereis, enquanto pensardes somente no momento presente ou em vós mesmos*".

"Guardai-vos de abreviar a vida, ainda que de um minuto, porque esse minuto pode evitar muitas lágrimas no futuro**". – (S. Luís, Paris, 1860).

"Sem qualquer conhecimento das dificuldades espirituais, o médico ministrou a chamada 'injeção compassiva', ante o gesto de profunda desaprovação do meu orientador. (...) Somente nos foi possível a libertação do recém-desencarnado quando já haviam transcorrido vinte horas, após serviço muito laborioso para nós. Ainda assim, Cavalcante não se retirou em condições favoráveis e animadoras*".

A pretexto de abreviar, sem dor ou sofrimento, a vida de um doente reconhecidamente incurável, familiares e

* Kardec LE 532   ** Kardec, O Evangelho Segundo o Espiritismo, cap. V profissionais da medicina se veem inclinados a conceder, com pedido ou não do doente, a chamada "morte serena". Se por um lado os mortais conhecem somente o que a matéria lhes disponibiliza, intuitivamente sabem que semelhante prática contraria os ditames divinos. E a Doutrina Espírita, não apenas com argumentos de ordem religiosa, escancara o assunto, explicitando as diretas e imediatas consequências para o espírito do desencarnante. Pretendendo aliviar os sofrimentos materiais, os homens da terra acabam precipitando inenarráveis desajustes para o doente, dificultando sua adaptação à nova vida espiritual.

୫୨୦୧

Tão importante quanto a orientação da Doutrina Espírita é o nosso posicionamento diante de situações pessoais. Devemos buscar o conhecimento doutrinário espírita, para que o nosso comportamento seja equilibrado e responsável, para que não adotemos decisões simplistas e enganosas. Teorizar é possível, mas, diante de um ente querido em lancinantes sofrimentos, nossas convicções se estremecem e a nossa fé vacila.

୫୨୦୧

João estava na UTI. Aos 86 anos, já com seu raciocínio lento e reflexos comprometidos, sofrera um mal-estar gástrico. Complicações advindas da idade agravaram seu caso.

* André Luiz, no livro Obreiros da Vida Eterna

A médica chamara seu único filho. Queria sua permissão para efetuar uma traqueotomia. Entubado, o paciente teria mais conforto respiratório. Preocupado em não precipitar qualquer acontecimento, o filho de João colocou a mão na cabeça de seu pai. Orou pedindo a orientação do Alto. Com mais segurança, autorizou o procedimento, pondo nas mãos de Deus o destino do genitor. No dia seguinte, antes mesmo de realizada a traqueotomia, João desencarnou serenamente.

Diante de situação semelhante, quando nos sentimos frágeis e indecisos, desde que nos disponhamos a aceitar a vontade de Deus, ela se manifesta de maneira natural, proporcionando aos nossos entes queridos a solução mais adequada.

Mas, às vezes, o que parece para nós uma situação irreversível, transforma-se em algo que jamais imaginávamos. Do livro *Por um fio*, de Dráuzio Varella, retiramos a história de Vicente. Tinha 25 anos. Susceptível a tumores malignos, estava com metástase no pulmão esquerdo. Naquela época não existiam ainda os protocolos para câncer, que se renovam hoje a cada nova descoberta científica. Por falta de opção, os casos eram tratados com a vacina BCG oral, aquela mesma que tomávamos quando crianças, para evitar a tuberculose.

A reação do paciente estava sendo boa. Em seis meses, um dos nódulos havia desaparecido e os outros dois haviam se estabilizado. Como o estado geral de Vicente era bom, o Dr. Dráuzio imaginou que talvez pudesse livrá-lo da doença com uma cirurgia. Infelizmente, todos os cirurgiões consultados discordavam do procedimento. Entendiam que era uma agressão inútil num caso incurável. Quando estava quase duvidando da conveniência da ideia, o Dr. Dráuzio foi visitado pelo Dr. Antônio Amorim, cirurgião da velha guarda, um dos mais hábeis do hospital.

Agressivamente, o Dr. Amorim perguntou ao Dr. Dráuzio se ele havia perdido o juízo ao indicar a cirurgia. Este respondeu, com má vontade:

– É possível!

– Não adianta ser mal-educado, – arguiu Dr. Amorim. Se me convencer de que vai ajudar o doente e se ele estiver de acordo, eu opero. Não será o primeiro desatino da vida.

As lesões foram retiradas em menos de duas horas. O Dr. Varella agradeceu ao Dr. Amorim, elogiando sua habilidade. O cirurgião, mais ameno, não quis animar muito o clínico. Disse que a doença voltaria. O doente não viveria mais que seis meses.

Domingo à noite, dois dias depois da cirurgia, Dr. Dráuzio recebe um telefonema do hospital. Era a notícia de um falecimento. De Vicente, o paciente operado? Não! Dr. Amorim havia morrido de um ataque cardíaco.

E Vicente? Vicente viveu mais cinco anos. O paciente que não passaria de seis meses, conforme o prognóstico do

Dr. Amorim, foi promovido no emprego, comprou um apartamento e casou-se com uma maravilhosa filha de árabes.

&)(&

Entendo que, nesse caso, ocorreu clara interferência do Plano Espiritual, consoante os méritos do paciente, conduzindo os procedimentos médicos. A sobrevida de cinco anos a Vicente contou com a sensibilidade de um bom cirurgião, Dr. Antônio Amorim, e a seriedade de um clínico de bom coração, Dr. Dráuzio Varella. A manifestação do Alto em nossas vidas não acontece apenas nos recintos religiosos. Na vida cotidiana, encontramos as maiores expressões da misericórdia divina.

&)(&

Deus sabe o que é melhor para nós. Daí a necessidade fundamental de adquirirmos cultura doutrinária, de forma que a aceitação dos desígnios divinos chegue até nós através da razão, atingindo nossos sentimentos. No entanto, em alguns dos casos que apresentamos, fica clara a postura corajosa, determinada e responsável de alguns personagens. Sempre deverão estar presentes a humildade e a aceitação daquilo que não está ao nosso alcance mudar. Mas sempre a vida esperará de nós a atitude serena, porém determinada, de mudar aquilo que estiver ao nosso alcance. Que o Senhor Maior nos permita distinguir essas situações.

O milagre

    O amor pode superar todas as barreiras, inclusive as do preconceito e do orgulho. É o que nos mostra o caso que resumimos abaixo, retirado do livro *Por um Fio*, de Dráuzio Varella.
    Dr. Torres era professor de medicina e um cirurgião lendário. Tinha temperamento intempestivo, personalista ao extremo. Sua filha, de 10 anos, o amor da sua vida, havia sido operada de um tumor pélvico do tamanho de uma bola de futebol. Era um raro tipo de sarcoma.
    A pedido de amigo comum, Dr. Dráuzio foi à casa do Dr. Torres para tentar ajudá-lo.
    – Não existe a menor possibilidade de cura numa situação como essa, – diagnosticou o Dr. Torres.

– O senhor está enganado, – informou o oncologista Dr. Dráuzio. Pelo menos a metade dos doentes nesse estágio é curada pela quimioterapia, seguida de irradiação da região afetada.

– Quantos anos você tem?, – perguntou Dr. Torres.

– Trinta e quatro, – respondeu Varella.

– Você nem tinha nascido e eu já operava doentes com câncer, – afirmou orgulhosamente o professor.

Desconsiderando a arrogância do amigo, Dr. Dráuzio tentou argumentar da melhor forma possível, procurando convencer o sofrido pai dos recursos já existentes naquela época, por volta dos anos setenta. Tudo em vão. Dr. Torres, escudado no elevado conceito de si próprio, recusava-se a aceitar a verdade.

– Não me leve a mal, – argumentou educadamente o Professor Torres –, mas sei muito bem o que estou fazendo.

– Infelizmente não sabe, professor. O senhor pode ter operado adultos com câncer de estômago, pulmão, intestino. Sarcomas são tumores raros nas crianças, o senhor não tem experiência nenhuma com eles, mas ousa discutir como se tivesse.

Dr. Dráuzio Varella abriu a porta e deu boa noite.

E, então, aconteceu o milagre, um milagre que somente o amor muito intenso, real e verdadeiro por um filho pode provocar. E esse milagre estava nas palavras que foram proferidas pelo Professor Torres com muita dificuldade, superando todo o seu orgulho e arrogância:

– Volte, por favor.

※

Ao contrário do que se esperava, Dr. Torres jamais interferiu no tratamento conduzido pelo Dr. Dráuzio Varella em sua filha. Cinco anos mais tarde, o professor compareceu ao consultório do clínico:

– Pelo que minha senhora disse, entendi que você deu alta para minha filha.

– É verdade, acho que está curada.

– Queria agradecer, sinceramente. Essa menina nasceu no dia em que fiz sessenta e três anos, é o bem mais precioso de minha vida.

Dr. Dráuzio nunca mais viu o Professor Torres. Dois anos mais tarde, soube de sua morte pelos jornais. Encontrou a menina adulta, ao lado do marido e de um casal de filhos pequenos. Identificou-se com timidez, deu-lhe um abraço carinhoso e chorou.

Sorrindo, o marido disse que era sempre assim, ela chorava toda vez que via o Dr. Dráuzio Varella – o seu salvador – aparecer na televisão.

※

A submissão e a confiança aos preceitos do Alto não significam passividade. Nas difíceis situações da vida, mesmo aceitando a vontade de Deus, jamais deveremos desistir. Os finais felizes não dependem somente da assistência dos bons espíritos. É necessária a nossa corajosa participação, fazendo a nossa parte.

Engano que se desfaz

"A bondade do Senhor não violenta o coração. O Reino Divino nascerá dentro dele. (...) Crescerá gradativamente, sob os impulsos construtivos do próprio homem. (...) Que temerária concepção a de um paraíso fácil*".

E péssima a notícia que o Espiritismo nos traz: não há céu com um estalar de dedos, milagre mágico ou varinha de condão.

A velha e tão exaustivamente explorada promessa do paraíso à custa de confissões de última hora, geralmente acompanhadas de polpudas doações ao clérigo, hoje cai no ridículo.

Isso não tanto pelo absurdo da proposta – de mercan-

---
* André Luiz, no livro Libertação

tilização do céu –, e mais pela baixa credibilidade de uma futura vida ou pela pouca importância que o homem atual dá a ela. Nos povos onde ocorreu evolução do conceito espiritualista, a concepção sobre as graças divinas também evoluiu e quase não permite a existência das absurdas negociações com Deus.

Dissemos quase porque ainda existem versões modernas daquelas esdrúxulas promessas. Infelizmente, ainda há irmãos que disseminam a ideia de que "basta aceitar Jesus para ser salvo".

Geralmente são líderes de boa-fé. Por vias tortas, acabam conseguindo excelentes resultados. Por essa influência, indivíduos viciados, agressivos, indolentes e francamente inclinados ao crime tornam-se criaturas responsáveis, trabalhadores dignos e excelentes pais de família.

"... A coroa da sabedoria e do amor é conquistada por evolução, por esforço, por associação da criatura aos propósitos do Criador. A marcha da civilização é lenta e dolorosa*".

O Espiritismo põe uma "pá de cal" sobre velhas e superadas práticas e, é claro, não é de aceitação mansa e pacífica.

"Muito difícil reajustar alguém que não queira reajustar-se. A ignorância e a rebeldia são efetivamente a matriz de sufocantes males**".

* **André Luiz, no livro Libertação

Antes de apresentarmos o extraordinário exemplo de uma alma endividada, porém decidida à harmonização com os propósitos do Senhor, vamos mostrar como os caminhos para o céu não são nada suaves.

"... Somos satélites uns dos outros. Os mais fortes arrastam os mais fracos*".

André Luiz relata uma conversa entre uma desencarnada e uma encarnada, parcialmente liberta nas asas do sono:

– Notamos que você ultimamente anda mais fraca, mais serviçal...,– observa a obsessora desencarnada.

– Acontece que João, meu marido, se filiou a um círculo de preces, o que, de alguma sorte, nos vem alterando a vida, – justifica-se a encarnada.

– Orações? Você está cega quanto ao perigo que isso significa? É necessário espezinhá-lo, torturá-lo, feri-lo, a fim de que a revolta o mantenha em nosso círculo. Volte para o corpo e não ceda um milímetro, – ordena o espírito.

A atuação desse espírito astuto e vingativo mostra-nos como a caminhada em direção ao "paraíso" não é fácil. Os fluidos sombrios que atraímos podem nos transformar em formas indecisas e obscuras. E, a partir daí, a submissão a personalidades enfermiças e depressivas é uma questão de tempo. Para superarmos os vícios do passado e nos prepararmos à participação em um projeto de renovação, é necessário ter muito esforço e determinação.

* André Luiz, no livro Libertação

Essa é a história de Adelino Correia. André Luiz a relata no livro *Ação e Reação*.

Singelamente trajado, Adelino mostrava ser um trabalhador em condições difíceis. Longa faixa de eczema na pele à mostra. Acanhado e tristonho, tinha nos olhos lúcidos a marca da humildade. Vários amigos espirituais o assistiam. Doce velhinha pedia por ele ao Assistente, argumentando que Adelino só pensava nas necessidades dos outros.

– Esteja tranquila, – informa o mentor Correia. Em breve ele estará plenamente restaurado.

Um simpático jovem pede:

– Não deixe em dificuldades quem tanto nos auxilia.

Parece que todos os tarefeiros em trânsito pela casa lhe são gratos...

– Sim, – reconhece o protetor espiritual. Os créditos de Adelino são enormes, não obstante os débitos aos que ainda está preso.

Também os espíritos da caravana de que faz parte André Luiz se sentem atraídos a colaborar com Adelino.

"A abnegação, em toda parte, é sempre uma estrela sublime. Basta mostrar-se para que todos gravitemos em torno de sua luz*".

Na vida física, quem cuida de Adelino é sua mãe. A esposa o abandonou, com três filhos: uma menina e dois meninos.

Em vida passada, não obstante o afeto que lhe devotava Gaspar, seu pai, jovem fazendeiro muito rico, Adelino

---

* André Luiz, no livro Ação e Reação

enamorou-se de sua madrasta. Para se ver livre do empecilho que era o pai, pôs fim à sua vida, queimando-o no leito com a cumplicidade de dois capatazes e de sua madrasta.

Feliz para sempre o jovem casal? Ledo engano. Gaspar passa a perseguir o filho e a esposa infiel, culminando com a morte de Adelino, com a pele em chagas. Depois da morte, esperava-o Gaspar para o acerto de contas.

Depois de 11 anos, Adelino foi recolhido por mensageiros de Jesus. Passou a dedicar-se aos trabalhos da organização espiritual e por méritos de trabalho, renasceu. Inclinou-se para a fé religiosa e aplicou a si próprio os princípios da fé que abraçou.

Disciplinou-se e cumpriu suas obrigações, tornando-se um verdadeiro trabalhador da fraternidade, que dá o próprio coração para aquilo que distribui. Obsessores do passado desarmam-se ante a sua nova conduta.

ॐ

Adelino está pagando as suas culpas, mas com o alívio possível. Ajudando os outros, diminui os seus débitos. A filha é a antiga madrasta. Os filhos adotivos são os comparsas do passado. A enfermidade deveria cobrir todo o seu corpo, mas foi limitada para ele poder aprender e trabalhar.

Eis que a equipe espiritual estaciona à porta da casa. Depois de cientificado, pelas vias do sono, dos objetivos da visita, Adelino acorda em lágrimas. Há uma nova criança a ser recolhida à sua porta. É o seu pai de outrora, retornando à vida sob sua proteção. Inicia-se o trabalho de reencontro entre o pai ofendido e o filho regenerado. Adelino, agradecido, dá sequência ao seu processo regenerativo.

✥

A conquista do "céu" da consciência tranquila, do reencontro com entes queridos, do prosseguimento da nossa marcha rumo a novos planos espirituais, passa pela libertação dos nossos erros do passado. A conquista de um "paraíso fácil" é, nas palavras de André Luiz, "temerária concepção".

Desde que nos disponhamos à aceitação das leis da vida, submissos à vontade de Deus, a moeda do sofrimento poderá ser substituída pela moeda do trabalho para o bem, para a generosidade... Com isso, as consequências do passado poderão, sim, ser amenizadas na vida atual, mas sempre dentro da matemática divina dos méritos conquistados.

Contanto, jamais poderão ser "apagadas" por concessões, passes de mágica ou negociações imaginárias. Sempre prevalecerão como elementos indispensáveis os padrões de firmeza superior que venhamos a assumir e a manter, com permanente disposição para o bem.

O por quê da dor

Dificilmente alguém deixará de se condoer com a situação de Maria Amália. O que fez essa pobre menina para tanto sofrer? Tem enfermidades de diagnose impossível. Dores e pesares surgem do nada. Por mais exames clínicos e laboratoriais que façam, os médicos sempre chegam a mesma conclusão: doença de origem desconhecida.

Sua infância foi dolorosa, como se prenuncia sua maturidade. Em seus sonhos recorrentes é perseguida implacavelmente por criaturas estranhas. Mesmo com esses sofrimentos, deseja ardentemente um dia ser mãe.

Valemo-nos de precioso relato de André Luiz, no livro *Libertação*, no capítulo denominado *Quadro Doloroso*, que adaptamos para tentar chegar às causas da atual situação de Maria Amália.

❧❦

Sua história começa no século passado. Por conveniências familiares, casa-se com cavalheiro de idade madura. Joaquim, descuidado das futuras imposições matrimoniais tão comuns para sua época, encanta-se com humilde escrava. Tem dois filhos com ela. Consciente de suas obrigações, pretende dar-lhes toda a assistência necessária.

No entanto, com o casamento, Maria Amália interfere decisivamente na situação. Obriga o marido a desfazer-se da escrava. Separada dos filhos, a pobre criatura morre, à distância, de tristeza e febre maligna.

Os filhos da escrava, injustamente acusados por Maria Amália de ladrões, são sistematicamente açoitados no tronco da fazenda. Em pouco tempo, morrem de tuberculose.

❧❦

Mãe e filhos desencarnados formam um trio perturbador. Mesmo tendo sido convidados pelo Alto ao perdão e à tolerância, organizam-se em projeto de vingança contra Maria Amália.

Passam a atacá-la impiedosamente, como autênticos carrascos invisíveis. Maria Amália, espírito vacilante e fraco, fragilizada pela culpa que carrega, acusa o golpe dos espíritos. Adoece e morre. Desencarnada, é perseguida implacavelmente por suas vítimas.

André Luiz vai encontrá-la, na espiritualidade, em deplorável demência. Esquálida, estendida no solo, estava cercada de três formas ovóides "grudadas" ao perispírito da infeliz.

෴

Qual é a solução para o caso de Maria Amália?
Tempo! A perturbação vem de inesperado, com pressa.
Retira-se muito devagar.
A misericórdia divina lhe proporcionou o renascimento. Foi seguida de perto pelo trio adversário que espera, ansiosamente, a oportunidade da reencarnação. Os inimigos serão seus filhos.

෴

"Elevamo-nos com aqueles que amamos e redimimos. Rebaixamo-nos com aqueles que perseguimos e odiamos."
(André Luiz)

෴

Ao examinarmos a situação atual da menina Maria Amália, poderemos, a princípio, não entendê-la. E até assumimos atitude de perplexidade ante o sofrimento de criatura inocente.

Mas, com o relato de André Luiz, passamos a ver a lógica da justiça divina com clareza. E a cada dia que passa, quanto mais estudamos, mais fácil fica aceitarmos as aparentes discrepâncias da vida.

Se nesta vida Maria Amália abraçar a maternidade com paciência e dedicação, ainda que sob dores e doenças inexplicáveis, estará dando um grande passo para sua reconciliação com os antigos adversários.

No entanto, se transferir para os filhos seu ódio inconsciente, sem fazer qualquer esforço para cumprir suas responsabilidades com amor, poderá agravar ainda mais seus débitos.

༄༅༅

A Doutrina Espírita é extremamente clara e lógica. Ensina-nos que a semeadura é livre, mas a colheita é obrigatória. Todos queremos alívio para nossas dores. Mas não podemos continuar cometendo os mesmos erros, esperando milagres que nunca irão acontecer.

Ninguém muda de vida sem mudar a si próprio. A transformação precisa acontecer dentro de nós. Espíritos que se recusam a melhorar o seu interior e querem resultados diferentes para as suas mesmas ações são insanos. Sofrem as consequências da sua teimosia.

O por quê da dor está dentro de nós mesmos. Aproveitemos a grande oportunidade de renovação que a atual encarnação nos proporciona. Somente através da reflexão e de novas atitudes, superaremos o passado e partiremos, decididos, para um novo destino.

O futuro já começou

Estive no Cemitério Père-Lachaise, em Paris, onde se encontram os restos mortais de Allan Kardec e de sua esposa, Amélie Gabrielle Boudet. Enterrado em 31 de março de 1869, no Cemitério de Montmartre, um ano depois amigos e simpatizantes transladaram os seus despojos mortais para um dólmen construído em sua homenagem no Cemitério de Père-Lachaise. Nesse cemitério estão enterrados Honoré de Balzac, Chopin, Delacroix, Bizet, Maria Callas, Edith Piaf, Samuel Hahnemann, La Fontaine, Molière, Modigliani, Rossini, Baron Taylor, além de inúmeros presidentes, generais e os contemporâneos

Gilbert Becaud, Yves Montand e Simone Signoret. Isso para falar só dos mais conhecidos.

Hoje, aquele cemitério não se encontra em seu apogeu. Ao lado de maravilhosas e faraônicas tumbas, muitas obras estão desmoronando, descuidadas pelas famílias. Muitas lápides, capelas e monumentos estão em ruínas, sem a manutenção devida. Mesmo assim, não deixa de mostrar o cuidado e o respeito que mereceram as grandes figuras da história da França, particularmente Paris, por ocasião de suas mortes. O túmulo de Allan Kardec e Amélie Boudet é um dos mais bem cuidados, embora, em minha opinião, merecesse maior atenção por parte dos espíritas do mundo inteiro.

A que se deve o generalizado descaso para com o fausto de outrora, ora decadente? Talvez à constatação – com a passagem inexorável do tempo – de que o poder, a riqueza e a fama acabam no túmulo. Na morte não se levam bagagens, nem cartões de crédito. Outro motivo, talvez, seja a apatia, a quase indiferença das pessoas para com a vida além-túmulo. A desenfreada procura por recursos materiais cria a falsa ideia de que a morte só venha a acontecer com os outros, nunca com a gente. O homem deste planeta comporta-se como se o seu corpo fosse imortal. Uma grande parte das pessoas não cogita os valores morais preconizados pelas filosofias e religiões.

Diante de um quadro desolador, em que o mal parece predominar, é o caso de se lembrar da resposta 1019 de o *Livro dos Espíritos*, de Allan Kardec: "A transformação da humanidade foi predita e chegais a esse momento, que todos os homens que ajudam o progresso estão apressando. Ela se realizará pela encarnação de espíritos melhores, que constituirão sobre a Terra uma nova geração."

Entendo que espíritos preparados pela Espiritualidade já estão em obra de regeneração. Estão reencarnando em condições e pontos estratégicos do nosso planeta, para impulsioná-la definitivamente à consolidação de seus valores morais e éticos.

Muitas iniciativas serão tomadas por esses Espíritos de escol, assim que estiverem reencarnados. Emmanuel parou de se manifestar através de Chico Xavier algum tempo antes do desencarne do médium, porque segundo orientações dos Espíritos, o Mentor de Chico se preparava para "arregaçar as mangas" e partir para um novo "mergulho na carne", participando desse projeto.

Objetariam ainda alguns, dizendo que a maldade grassa solta por toda a humanidade. No entanto, se bem observarmos, a maioria quer o bem, quer viver em paz. A maldade está concentrada numa "minoria barulhenta", como costuma afirmar o orador e escritor espírita Richard Simonetti.

No entanto, se continuarmos de braços cruzados, a "maioria silenciosa" continuará em seu evolutivo passo de tartaruga. Cabe a nós, embora ainda infinitamente distantes do Cristo, libertarmo-nos de velhos paradigmas e partirmos decididos para a boa recepção que merecem esses missionários preconizados por Allan Kardec, engajando-nos nessa verdadeira cruzada revolucionária.

Resgatando o bem e a verdade, criando um novo ambiente de amor, fatalmente obrigaremos os indiferentes a assumir novas posições. A grande missão projetada pelos Espíritos Superiores é tornar a Terra um local tão bom para se viver, incompatível com maus e omissos.

Assim como o fausto e a riqueza mal empregada, a prepotência e a agressividade, com o passar do tempo, escancaram o distanciamento das coisas de Deus. Esse mesmo tempo começa a funcionar como um divino despertador de consciências.

Pensei que não viveria, na presente encarnação, o suficiente para presenciar a revisão de valores do homem de agora. Enganei-me! A grande revolução já está acontecendo.

Alimentemos a condição de seguidores do Cristo, ainda que à distância, façamos nós a nossa parte, seja qual for a nossa filosofia ou credo religioso.

"Disse, pois, Jesus: Vai e faze tu o mesmo*".

O futuro da Terra já começou!

---

* Lucas 10:37

Opção pela vida

Causou surpresa no mundo inteiro o caso de Terri Schiavo. Em 25 de fevereiro de 1990, quando tinha 27 anos de idade, ela sofreu um ataque cardíaco que resultou em falta de oxigenação do cérebro e lesão cerebral irreversível. Seu marido informou que, quando consciente, havia manifestado o desejo de não ser mantida viva artificialmente com tubo de alimentação. Após longos testes que comprovaram ausência de consciência e uma severa atrofia cerebral, a justiça americana autorizou a retirada do tubo de alimentação. Terri Schiavo faleceu em 31 de março de 2005.

"O que parece um mal nem sempre é. Frequentemente, do mal que vos aflige sairá um bem muito maior. É o que não compreendereis, enquanto pensardes somente no momento presente ou em vós mesmos*".

༄༅

O ator Christopher Reeve tornou-se famoso com o adorável filme *Em Algum Lugar do Passado*. Mas, apesar de outros bons papéis, tornou-se muito conhecido mesmo como *Super-Homem*, numa série de quatro filmes.

Sofreu um acidente em 1995, em que ficou tetraplégico, passando, a partir daí, a respirar por aparelhos, sem mover braços e pernas. A princípio, pensou seriamente em morrer. Não suportaria aquela vida de dependência, sem qualquer esperança de recuperação. O apoio de sua esposa e de seu filho de apenas três anos de idade foram fundamentais.

Optou pela vida e, durante os mais de nove anos que viveu, tornou-se líder de uma campanha pela legalização de pesquisas com células-tronco. Fator fundamental para que Reeve se tornasse, na vida real, um verdadeiro super-homem, foi sua esposa, Dana Reeve, que passou a dedicar-se exclusivamente ao esposo.

Ela também veio a morrer, em 2006, pouco tempo depois da morte do marido, como se a sua tarefa aqui na terra estivesse concluída.

Dana Reeve levou a sério a sua promessa conjugal:

* Kardec LE 532

"Juntos, na alegria e na tristeza, na saúde e na doença".

E mesmo provavelmente não conhecendo os princípios espíritas, seu amor e dedicação tornaram possível que seu marido e ela própria completassem suas tarefas serenamente aqui na terra.

〽️

As implicações morais do suicídio e da eutanásia são escancaradas pela Doutrina Espírita. "O homem não tem direito de dispor de sua vida*, nem deve apressar voluntariamente sua morte, mesmo diante da perspectiva de um fim inevitável e horrível**".

No entanto, diante do sofrimento físico ou moral, o paciente, seus familiares e as equipes médicas se sensibilizam e o tema volta à tona. Não seria mais piedoso proporcionar ao sofredor sem esperança de vida uma morte indolor e serena? Há correntes materialistas que nem vacilam em aceitar a ideia aparentemente lógica da morte sem sofrimento.

No entanto, a Doutrina Espírita vem nos alertar para o perigo de semelhante raciocínio. André Luiz é bastante claro no livro *Obreiros da Vida Eterna* ao descrever a situação vista do lado de lá:

"Sem qualquer conhecimento das dificuldades espirituais, o médico ministrou a chamada 'injeção compassiva', ante o gesto de profunda desaprovação do meu orientador. (...) Somente nos foi possível a libertação do recém-desencarnado quando já haviam transcorrido vinte horas, após serviço

* Kardec LE 944   ** Kardec LE 953

muito laborioso para nós. Ainda assim, Cavalcante não se retirou em condições favoráveis e animadoras*".

Às vezes, com as melhores intenções, podemos estar encaminhando nossos queridos familiares a graves dificuldades de adaptação em seu retorno à espiritualidade.

Por outro lado, o chamado "excesso terapêutico" também não é recomendável. Com o medo de incidir em eventual omissão, equipes médicas se desdobram para manter o paciente vivo a qualquer custo. A chamada distanásia, que é o prolongamento indefinido do coma, não é aceita nem mesmo pelos irmãos católicos, geralmente rígidos em sua posição perante a vida.

O Papa João Paulo II entendeu que não se deve aplicar aos pacientes, cuja morte é iminente e inevitável, "tratamentos que dariam somente um prolongamento precário e penoso da vida...**". Manter o espírito preso ao corpo por meios artificiais a pretexto de manter a vida também não é posição recomendável.

Como ficamos? Com o equilíbrio e o bom-senso, entregando nas mãos de Deus o destino dos nossos amados familiares, deixando a vida dos doentes a caminho do desencarne por conta da natureza, sem excessos artificiais. A esse procedimento intermediário dá-se o nome de ortotanásia.

ೞಞ

É fora de dúvida que todos queremos o melhor para nossos entes queridos. No entanto, o que às vezes julgamos

* André Luiz, Obreiros da Vida Eterna   ** Encíclica Evangelium Vitae

ser o certo, do ponto de vista material, lhes determina sérios desconfortos do ponto de vista espiritual. O conhecimento da Doutrina Espírita é fundamental para subsidiar nossas decisões mais sérias. Contudo, o que vai determinar nossas atitudes é a absoluta confiança de que Deus sabe o que é melhor para nós. O cultivo e o exercício constante da fé vão nos conduzir ao ponto ideal de afirmarmos com certeza:
– Já não mais somente acredito. SEI que isso é o certo.

Que o Senhor Maior nos inspire nessa direção.

Médicos e anjos

Profissionais da saúde contam com proteção especial dos céus. Pela importância de suas tarefas – qualidade de vida e sobrevivência do homem –, são acompanhados de perto por emissários de Deus. Se bem sintonizados com o Alto – por meio de sua seriedade de propósitos, orações, boas intenções –, são constantemente inspirados para cuidar adequadamente de seus pacientes. Ah! Se os médicos orassem...

ഒ൝

Existem profissionais muito bem inspirados e de grande amor no coração. Eu esperava pacientemente o desencarne de minha mãe, cuja doença maligna havia sido anunciada cinco anos antes. Nada mais havia a fazer se não minimizar suas dores, seus medos, suas angústias. Não obstante todo o carinho que nós, familiares, estávamos prestando, faltava alguma coisa. Foi quando tive a ideia de solicitar ao seu médico – Dr. Márcio Tolentino –, de Bauru, que a visitasse periodicamente.

A partir dali, uma ou mais vezes por semana, esse abençoado médico visitava minha mãe. E a cada visita renovavam-se suas esperanças, e ela passava alguns dias bem, embora com câncer em fase terminal. Lembro-me com emoção das visitas do Dr. Márcio em pleno domingo à tarde. E esse ritual maravilhoso se prolongou até a sua partida. Nunca consegui pagar qualquer dessas consultas a esse generoso e abençoado médico, um verdadeiro apóstolo do divino na Terra, a quem devo o alívio e a serenidade que antecederam o desencarne de minha mãe. Deus o abençoe sempre.

ℰℳ

Outros médicos dão grande contribuição à ciência e às dúvidas humanas. De uns tempos para cá, muitos deles passaram a pesquisar e observar comportamentos inusitados de seus pacientes.

Nas chamadas "Experiências de Quase Morte" (EQM), em que pacientes chegam a ficar "mortos" por 5, 10 e até 15 minutos, retornam como se nada lhes tivesse acontecido, com relatos extraordinários do "além-vida".

Testemunham encontros com parentes falecidos, descrevem cenários e um "túnel acalentador" pelo qual passam, no que seria o limiar da vida, experiências fora do corpo e principalmente lembranças de tudo o que viveram em sua vida.

Invariavelmente essas criaturas interpretam essas experiências como sendo uma "segunda chance" que Deus lhes dá, e mudam radicalmente o modo de pensar e agir. Passam a viver de acordo com as expectativas que o Alto tem delas, de acordo com as revelações que lhes foram apresentadas durante o estado de coma. Isto é, voltam "com outra cabeça", com o firme propósito de renovação.

Sem dúvida, um privilégio. Essas pessoas recebem a revelação do que as espera quando efetivamente a morte se concretizar. Experimentam uma espécie de "feedback", uma "dica" para quem está "pisando na bola" aqui na terra, e que de maneira alguma pode ser desprezada.

É importante, sem dúvida, essa antevisão do futuro. Podemos e devemos divulgar esses fenômenos, o que servirá de alerta para que muitos comecem a colocar "as barbas de molho".

No entanto, existe um aspecto na condução da vida humana mais importante do que saber o que nos espera além da vida: o aspecto moral. De nada adianta eu conhecer o processo da morte se não levar conquistas morais que me habilitem a uma nova vida em posição agradável aos olhos de Deus.

❦

Temos centenas de exemplos de criaturas que foram, com certeza, muito bem recebidas no plano espiritual. Gandhi, Papa João Paulo II, Madre Tereza de Calcutá, Chico Xavier, só para citar personagens mais recentes.

Independentemente dos conhecimentos que detinham a respeito da vida além-túmulo, todos eles foram recebidos com festas, flores, músicas e muita alegria na entrada do céu. E um exemplo mais recente, sem dúvida, é o da médica Zilda Arns.

Se houve alguém no Brasil com mérito de ter modificado o quadro de mortalidade infantil, foi sem dúvida a Doutora Zilda Arns, sendo ocioso repetir sua biografia de profundo amor à vida dos pequenos brasileiros.

❦

Estudemos. Tomemos conhecimento de todas as informações disponíveis em relação ao processo da morte. Mas, acima de tudo, sigamos o exemplo dos missionários que passam pela terra e deixam o seu rastro de luz e retornam para o céu. Dr. Márcio Tolentino e Dra. Zilda Arns Neumann: lídimos exemplos que devem ser seguidos.

Um homem chamado Amor

"Além da aura de paz e pacificação que parte dele, há um outro elemento poderoso a explicar o fascínio e a durabilidade da impressionante figura de comunicação de Chico Xavier: a grande serenidade pessoal do médium, a dedicação integral de sua vida aos que sofrem e o desinteresse material absoluto. A canalização de todo o dinheiro levantado em direitos autorais para as variadíssimas atividades assistenciais espíritas dá a Chico Xavier uma autoridade moral (...) que o coloca entre os grandes líderes religiosos do nosso tempo". *(Artur da Távola, Ex-Senador da República, em sua crônica de 26/05/1980, no jornal* O Globo*)*.

Prêmio Nobel da Paz
Augusto César Vanucci, nascido em Uberaba, era amigo pessoal de Chico Xavier e o conhecia muito bem. Sabia da sua humildade e da sua aversão a homenagens pessoais.

Na década de 80, inventou para o Chico a história de que iriam fazer uma homenagem para Divaldo Pereira Franco, o grande médium e orador baiano. E Chico precisava ir ao Teatro Globo, no Rio de Janeiro, para gravar um depoimento. Chico Xavier compareceu na hora e local combinados, mas, para sua surpresa, iria participar de um programa dedicado a ele mesmo: *Um Homem Chamado Amor*. Era o lançamento da sua campanha para o Prêmio Nobel da Paz.

A cada livro ou revista, comentário biográfico, reportagem, filme ou programa de TV sobre Chico Xavier, cresce na consciência coletiva brasileira a constatação de que recebemos a visita de um missionário.

São notáveis em sua produção mediúnica a surpresa do estilo, a fidelidade poética, a identificação comprovada dos comunicantes, a lógica irretorquível de suas obras. E a memória? Os nomes? As identificações?

Memória
Em uma ocasião, estive em Uberaba acompanhando a caravana do movimento espírita de Bauru. Chico, não obstante o cansaço e o trabalho até altas horas, mantinha-se sempre humilde, sereno e atencioso. Em dado momento, no meio do burburinho provocado pela multidão que o

procurava, olhou para mim e perguntou: "Como está o Adhemar Previdello, de Bauru?". Emocionado e pego de surpresa, respondi balbuciando alguma coisa ininteligível. Chico lembrou-se do Adhemar, na época um dos grandes líderes do movimento da mocidade espírita de Bauru. Isso se deu no meio de um sem-número de pessoas que o pressionavam, em busca de um autógrafo ou de uma palavra amiga.

Assistência Espiritual

E o que reservava para aqueles que procuravam enganá-lo? Certa vez foi procurado pela famosa dupla de repórteres David Nasser e Jean Manzon. Achando que não conseguiriam realizar a entrevista com Chico, fizeram-se se passar por dois norte-americanos. De posse do material, satisfeitos, já no Rio de Janeiro, David Nasser comentou com a esposa:

– Ontem iludimos o Chico. E contou como havia abordado o grande médium.

Iludiram coisa nenhuma –, respondeu a esposa. Olhe aqui a dedicatória do livro que você recebeu: *AO MEU CARO DAVID NASSER, COM O ABRAÇO DO CHICO XAVIER.*

Pinga-fogo

Em 1971, o Brasil estremeceu com o pinga-fogo realizado pela TV Tupi. Espíritas e não espíritas passaram a conhecer, a se emocionar, a amar e a aprender com Chico

Xavier. Durante quatro horas, o médium respondeu a centenas de perguntas de telespectadores e organizadores do programa, que se prolongou até as três horas da madrugada e atingiu o maior índice de audiência da época.

Morrer com educação

Dentre as inúmeras narrativas e revelações relacionadas a Chico Xavier, uma ficou muito famosa. Numa de suas viagens de Uberaba a Belo Horizonte, o avião entrou em uma região de forte turbulência, depois de Araxá. Com a intensa vibração da aeronave, os passageiros se apavoraram diante da possibilidade real de acidente, inclusive o Chico, que começou a gritar e a rezar: – Oh! Meu Deus, tende piedade de nós. As crianças choravam, os adultos gritavam. Quando a voz do Chico subiu de tom, viu Emmanuel entrar no avião, aproximar-se dele e perguntar o por quê daquela cena.

– Estamos em perigo, será que chegou a hora de eu morrer?, disse Chico.

Emmanuel, sereno, respondeu:

-Não posso saber se o Senhor resolveu determinar a sua desencarnação agora. Mas, se você julga que vai morrer, procure pelo menos morrer com educação, sem aumentar a aflição dos outros.

Com a simplicidade que o caracterizava, em pleno pinga-fogo, Chico comentou, despretensiosamente:

– Realmente não sei como é morrer com educação.

O Brasil inteiro riu e amou a narrativa de Chico Xavier.

Saibamos honrar a contribuição maravilhosa que Francisco Cândido Xavier deu e agora, do plano espiritual, continua dando ao equilíbrio e à harmonia dos nossos espíritos, fazendo o melhor de nós pela nossa renovação e pela construção de um mundo melhor.

Soltar ou prender?

Numa palestra na cidade de Socorro, fui interpelado por uma professora preocupada com sua conduta:
– Quando dou notas vermelhas estou sendo má com meus alunos?

Contei a ela a "metáfora perfeita da educação" que me foi enviada pelo lúcido Carlos Luz: "Educar é como soltar pipa (ou papagaio). No caso de segurarmos muito a linha, ou seja, não liberando o carretel ou a carretilha, a pipa não alçará voo, ficando próxima de nós. Por outro lado, caso passemos a soltar a linha demoradamente, deixando que o vento leve a pipa, esta não subirá e cairá logo.

O segredo é alternar momentos em que soltamos a

---

* Nota: Carlos Eduardo Luz, escritor espírita, co-autor do romance O Caminho de Cícera – Editora CEAC – 2011 e do livro " Nos Braços do Pai" - Editora CEAC – 2012

linha com outros momentos em que a prendemos. Se assim procedermos, a pandorga, pipa, arraia ou papagaio estará logo alcançando, caso haja linha suficiente, a altitude das nuvens. Educar é, pois, dosar a liberdade dada em função do aproveitamento do educando".

Equilíbrio + bom-senso evitam problemas, dissabores e comprometimentos espirituais. No livro *Almas em Desfile*, de Hilário Silva, na página *Podia Ser Pior*, o mentor refere-se às reclamações de um personagem diante de uma verdadeira "onda de perseguições" da parte de pessoas desonestas e inescrupulosas. "Podia ser pior, sim, meu amigo! Podia ser você o autor de tantos crimes; entretanto, cá está conversando comigo, de consciência purificada e mãos limpas." E adverte: "Sofrer por causa dos outros é uma coisa. Mas fazer sofrer os outros é outra coisa bem diferente".

Não confundir o "fazer sofrer" com as corrigendas, advertências e negativas tão necessárias à educação e tão comuns nas disposições que recebemos do plano espiritual. "Duas senhoras desencarnadas, amigas de Raquel (...). Vinham de nossa colônia espiritual (...) para a visita carinhosa... (...) Agradecemos a atenção de todos, porém, não podemos autorizar a visita a esta hora." (Missionários da Luz, Cap. 14). André Luiz ficou surpreso com a negativa do mentor espiritual, mas entendeu que era o melhor para a jovem mãe Raquel. Equilíbrio e bom-senso, com muita afabilidade e carinho.

Diz um conto popular: "Um homem caminhava

pela neve. Encontrou uma cobra congelada. Condoído, colocou-a junto ao peito, dentro do casaco. Com o calor, o réptil despertou. Percebendo o contato com a pele de seu benfeitor, não vacilou, picou-o imediatamente." Houve bom-senso? Não, houve imprudência, com certeza. "... Sede prudentes como as serpentes e mansos como as pombas.*"
Para o nosso próprio bem, nem sempre a espiritualidade maior nos diz SIM.

É famosa a história de Santo Antônio, narrada por Irmão X em *Luz Acima*. Depois de verificar *in loco* a situação de uma indolente família, o venerando Antônio de Pádua concluiu que o melhor seria que a vaca Bolinha, que sustentava a família, morresse. A partir daí, todos da casa procuraram serviço, revendo as rogativas tão frequentes ao santo. "Muitas vezes, para bem amparar, é imprescindível retirar as escoras", ensina o sábio protetor.

ɛɔCʁ

"Nem tanto ao mar, nem tanto à terra," diz o ditado, parafraseando Aristóteles, que defendia a busca da felicidade no justo meio-termo. A coragem verdadeira fica entre a audácia desmedida e a prudência exagerada. Persigamos o equilíbrio, cultivemos o bom-senso com todas as forças. Educar é dosar. Dosar a liberdade dos outros. Dosar a própria liberdade.

* Mateus 10:16

Voltaram para contar

"Quero confiar-lhe um segredo. Sei que dentro de alguns dias deverei ir para o mundo espiritual. Desejo que fique junto de mim até o meu último momento e que console minha mãe depois de minha partida."

"Quem me falou dessa forma foi o fantasma de minha cara amiga, Maggie. Uma semana depois fui chamada por sua família. Suas condições gerais não inspiravam preocupações e a própria enferma estava bem longe de experimentar o pressentimento de morte. Encontrava-me, pois, junto de Maggie há uns três ou quatro dias, quando, certa noite, foi ela assaltada por terrível e súbita crise, falecendo nos meus braços antes que o médico tivesse tempo de acudir ao chamado feito." (Retirado do livro *The Ministry of Angels*, de Joy Snell)

ℰℊ

Relatos como esse sempre despertaram a desconfiança de cientistas e religiosos e somente faziam parte da literatura metapsíquica. No entanto, de uns tempos para cá, estão deixando de compor o universo sobrenatural, aparecendo em diálogos triviais. No filme *E Se Fosse Verdade* (Just Like Heaven, EUA, 2005), do diretor Mark Waters, em dado momento o personagem David tenta convencer o "fantasma" de Elizabeth a procurar a luz, julgando-a morta. Em *Ghost, O Sexto Sentido* e *O Mistério da Libélula* – só para citar os mais conhecidos –, os acontecimentos além da vida deixaram de assustar para se tornarem instigantes e procurados. Em um dos filmes de Shrek, seu fiel escudeiro, o burro, preocupado com a vida do amigo ogro, em dado momento o alerta:

– "Fuja da luz no fim do túnel", numa clara alusão do diretor às visões dos que passam pela EQM (Experiência de Quase Morte), situação em que o personagem "morre" por algum tempo, mas "ressuscita" com informações extraordinárias.

Passar por um "túnel agradável e acalentador com uma luz brilhante em seu final", "sentir-se em outra dimensão", "encontrar parentes e amigos que já morreram", "revisar toda a vida em breves segundos" e "ser envolvido por uma extraordinária sensação de paz e harmonia" são alguns relatos em casos de mortes clínicas ou acidentais, nas chamadas EQM's. No entanto, os relatos das pessoas que tentaram o suicídio e falharam são muito diferentes. São relatos de horror, de regiões descritas como infernais.

Minha avó costumava dizer que "quem morre, não volta para contar a história". Pois é exatamente para contar suas visões espirituais além da morte que os "fantasmas" retornam. Fazem uma revisão de suas vidas e depois nos alertam quanto aos "perigos" a que estaremos sujeitos se persistirmos em nossos erros e comprometimentos. Nosso futuro na outra vida será determinado pela condição moral que mantivermos nesta vivência.

ᏚᎼᏣᎡ

No mundo inteiro, inclusive no Brasil, continuam surgindo casos de pessoas que passam por paradas cardíacas, graves acidentes, reações a drogas anestésicas e "morrem" por até 15 minutos. Retornam à vida sem danos cerebrais. E voltam narrando suas experiências comprovando a realidade do espírito e as consequências, depois da morte, dos seus acertos e desacertos durante a vida.

Um estudo traduzido e publicado pela Faculdade de Medicina da Universidade de São Paulo, de autoria do americano Bruce Greyson, da Escola de Medicina da Universidade de Virgínia, nos traz detalhes minuciosos sobre o assunto. Dr. Bruce procura explicações para as EQM's na imaginação, nas memórias, no teor de oxigênio, nas alucinações, nas disfunções cerebrais ou em outras hipóteses. Não consegue provar nenhuma delas. A verdade é que, quanto mais os cientistas se debruçam sobre o assunto, mais suas conclusões apontam para a teoria espírita.

ℰℐℭℛ

Enfim, muitos voltam, sim, para contar a história. Não são apenas fantasmas "espíritas" ou assombrações. São experiências pessoais que estão na mídia: nos filmes, nas novelas, nos livros, nas entrevistas.

"Penso que alcançamos uma era de transição em nossa sociedade." (Dra. Elisabeth Kubler-Ross, no prefácio de *Vida Depois da Vida*, do Dr. Raymond Moody, Jr.)

A ciência está a um passo de comprovar a sobrevivência à morte física. Que tal considerarmos seriamente essa possibilidade e passarmos a refletir sobre a real finalidade da nossa vida na terra?

Eu quero morrer!

"Francisco Teodoro, fabricante de casimiras notáveis, tivera vida próspera. Em 1914 aconteceu a retração dos negócios. Devia o montante de 800 contos de réis. Defrontado por crise financeira esmagadora, não resistiu às pressões. Escreveu pequena carta, anunciando-se insolvável e disparou um tiro no crânio. Descobriu que a vida continuava... Agora, após 30 anos, depois de muito sofrimento, retornava à fábrica. Progresso enorme... Em face da alteração na balança comercial do país, ante a grande guerra de 1914, o estoque de casimiras, que acumulara zelosamente, fora vendido cinco dias após seus funerais por quatro mil contos de réis, ou seja, quatro vezes mais o valor da dívida contraída que o levara a tirar a sua vida física. Ele apenas não soubera esperar...*".

Hoje é possível obter um atendimento compreensivo, fraterno e solidário, através da internet. Voluntários do CVV – Centro de Valorização da Vida, desde março de 1962, atuam no Brasil salvando vidas, assim como milhares de voluntários do mundo inteiro que, anonimamente, dedicadamente, corajosamente, salvam criaturas das garras da depressão, do medo e da solidão**".

"... Quão definitiva tem sido na vida de tantos a presença amiga e clara de voluntários, dedicados a uma causa: o amor e a preocupação com o próximo!". (Ator Tony Ramos, depoimento para o CVV).

Por que há tanta gente preocupada com o assunto suicídio? Veem-se campanhas financeiras, treinamento de voluntários, aperfeiçoamento de instrumentos, viabilização de novos meios de comunicação, tudo para evitar essa verdadeira desgraça ou ruína procurada, às vezes, por livre vontade. Sem falar em fé ou outros argumentos de natureza religiosa, um lúcido amigo meu costuma dizer que "matar-se é pular da frigideira para o fogo". Será que ele tem razão?

Diz Emmanuel que a primeira decepção que o suicida tem é a realidade da vida que não se extingue. Em seguida, descobre a possibilidade de experimentar os mesmos padecimentos físicos da última hora terrestre. Isto é, se o indivíduo queria livrar-se das suas dores em vida, surpreende-se com o interminável momento da sua morte, que teima

* Hilário Silva, A Vida Escreve   ** Para saber mais acesse: www.cvv.org.br

em repetir-se por tempo indefinido. O tóxico, a perfuração, o peso das rodas ou a passagem das águas silenciosas continuam presentes com a morte. Emmanuel relembra ainda que a justiça de Deus nunca se manifesta em nossas vidas sem a sua misericórdia. Em outras palavras, mesmo quando todas as portas parecem estar fechadas, existe saída, alguma saída, para qualquer pessoa!

O CVV, as religiões, os livros e os cursos de autoajuda são pródigos em recomendar ao aflito a procura dessa saída. E, geralmente, além da oração e do bom-senso, "o amor e a preocupação com o próximo", como afirma o Ator Tony Ramos, representam o fator fundamental para a recuperação do equilíbrio.

Em relação a quase todas as mortes, podemos afirmar que se cumpriram os desígnios divinos. No suicídio, não. SUICÍDIO NÃO É SOLUÇÃO! É FUGA! FUGA PARA O PIOR!

෪ා)ෆ෪

"Minha namorada me deixou, perdi meu emprego, estou com um monte de contas atrasadas e nem meus amigos aguentam mais minhas queixas. Para completar, bati meu carro e rasguei minha calça. O que mais me falta acontecer? O tempo fecha, começa a chover e um cachorro faz xixi em minha perna. Buaaá! Eu quero morrer!.

Aparece alguém:

– Oh! Você veio me buscar. Obrigado!

– Peraí! Sabe quem eu sou?
– Claro! Você só pode ser a infalível, a invencível... MORTE!
– Isso mesmo. Nunca fui tão bem recebida!
– Vai, pode me levar! Estou em suas mãos.
– Sinto muito... Mas você não está na minha lista.
– O QUÊ?!...
– E pelo que consta aqui, você viverá ainda muuuitos anos!
– Mas não me restou nada, nada! Por favor, leve-me!
– Ora. Será que está tudo tão ruim assim que não vale a pena tentar de novo? Vamos, vá em frente. Arrisque!

Para de chover.

– Oh! O sol voltou a brilhar! Mas... e daí?
– Ao lado, mural de empregos:
– Hum... Vou tentar. Bela moça ao seu lado.
– Olá! Procurando emprego? Que coincidência... Eu também. Sabe, meu nome é Dulce.
– O... o meu é Aprígio...

Enamora-se.

– E QUERO MUITO VIVER!
– Puxa, Dona Morte! Nunca vi a senhora recusar um cliente!
– Mas não estava na hora dele. E, às vezes, esperar um pouco faz toda a diferença*".

---

* Maurício de Sousa, Revista da Mônica Nº78

Papais noéis de verdade

Nicolau (um cristão que viveu no Século III, na Turquia) costumava ajudar, anonimamente, quem estivesse em dificuldades financeiras. Ofertava sacos de moedas de ouro, colocando-os nas chaminés das casas de pessoas necessitadas. A gratidão do povo e a proliferação de outros de seus atos bons levaram à sua canonização como São Nicolau Taumaturgo, arcebispo de Mira (Turquia). Sua transformação em símbolo natalino ocorreu na Alemanha e de lá espalhou-se pelo mundo inteiro. Clemente Clark Moore, um professor de literatura grega de Nova Iorque, escreveu, em 1822, a história *Uma Visita de São Nicolau* para os seus seis filhos, o que deu força à lenda do Papai Noel, com a descrição do trenó com renas e outras características.

Em 1843 surge um estranho papai noel, o personagem Ebenezer Scrooge, criado pelo escritor Charles Dickens. Criou um personagem chamado, "Scrooge", que significa avaro. A avareza, na mentalidade inglesa, não era considerada um pecado em si. A obra *Um Conto de Natal*, mostrando a perspectiva de um castigo duro (depois da morte) para Scrooge, por causa do seu pão-durismo, representava uma crítica a essa estranha ética. O velho e rabugento Scrooge, preocupado apenas com os seus lucros, muda sua vida após receber as visitas dos Espíritos do Natal Passado, do Natal Presente e do Natal Futuro. Transforma-se numa criatura solidária e bondosa, exatamente o papai noel de que se necessitava para minimizar os miseráveis bolsões londrinos, numa época de tantas desigualdades sociais.

Embora muitos critiquem a figura do Papai Noel, alegando haver um desvio dos verdadeiros propósitos do Natal, podemos afirmar que os papais noéis existem. Por trás de cada personagem lendário ou literário, sempre há uma mensagem ou um fato real. Eles foram e continuam sendo inspirados pela mensagem de Jesus. São criaturas de boa vontade, que persistem em lutar contra o egoísmo, a desigualdade social, o preconceito e a carência, por meio de atitudes simples e generosas.

Um homem seguia de Madureira para a Gávea, quando

encontrou um grupo de pessoas bem-intencionadas, porém ignorantes, tentando a prática do amor aos semelhantes. Convidado a cooperar, esse homem desviou-se, dizendo:
– Não posso cooperar. Isso nada tem a ver com o Cristo.

E passou apressado em busca dos seus interesses. Um materialista, de bom coração e reta consciência, vindo pela mesma rua, distribuiu conforto e encorajamento àquelas criaturas.

Em seguida, o homem deparou-se com uma mulher doente, amparada por duas companheiras de infortúnio. Necessitavam de transporte para a enferma. Considerando o ambiente menos digno daquelas mulheres, negou-se:
– Não posso ajudar. Isso nada tem a ver com o Cristo.

Afastou-se sem mais delongas. O ateu, chegando em seguida, amparou a pobre criatura, internando-a em hospital próximo, às suas expensas.

Mais adiante, o homem encontrou um grupo de trabalhadores filiados a crença diferente da sua. Solicitada sua cooperação, respondeu:
– Não posso atender. Isso nada tem a ver com o Cristo.

O materialista bondoso, ao contrário, simpatizou com o movimento e colaborou despreocupadamente, sem qualquer objeção.

"Qual dos dois aprendeu a reconhecer o próximo? –, perguntaríamos. – Sem dúvida o materialista que, sem preconceitos ou apegos religiosos, serviu trabalhando por um mundo melhor. – Então vá e faça o mesmo!*".

* Adaptada da página de Irmão X, Parábola Moderna, do Livro Lázaro Redivivo

Não estamos ainda à altura das realizações de uma Zilda Arns, de um Chico Xavier, de uma Madre Teresa de Calcutá ou de um Mahatma Gandhi. Mas, quem sabe, com cortesia e boa vontade, possamos criar um humilde papai noel brasileiro? O mundo atual não espera por papais-noéis extraordinários ou lendários. Precisa de criaturas simples, despretensiosas, comuns, porém de boa vontade, que arregacem suas mangas e, destituídas de roupas ou posições privilegiadas, comecem a trabalhar por um mundo melhor. O mundo precisa urgentemente de papais noéis de verdade!

A segunda chance

Reencarnar dá trabalho. Requer intenso estudo de nossas necessidades espirituais. Quando nosso merecimento permite essa oportunidade, temos que contar também com a participação de engenheiros da espiritualidade, que irão preparar o corpo, os pais, o local, a profissão, os futuros filhos e as condições de trabalho e de resgate que nos serão oferecidos.

Trata-se, portanto, de um verdadeiro investimento da espiritualidade. Naturalmente, há muitas expectativas de mentores e amigos que, de certa forma, "apostam" em nós, "patrocinam" a nova chance que nos é proporcionada.

Se em algum momento nos desviamos do caminho

traçado, se nos distanciamos da rota, sonoros alarmes são disparados na espiritualidade. Claras e decisivas providências são adotadas para que ocorra o "redirecionamento" das nossas vidas para que não se percam os esforços e os objetivos a que nos propomos. Os espíritos utilizam diversos meios para nos chamar a atenção.

Em *Uma Segunda Chance* – filme estrelado por Harrison Ford, do cineasta Mike Nichols, conhecemos a história de Henri, um advogado inescrupuloso, desonesto, insensível, arrogante, oportunista e maquiavélico, que não hesita em usar de todos os meios para alcançar seus fins.

Ele assim age até que ocorre um incidente. Ao entrar numa loja de conveniência que está sendo assaltada, leva dois tiros, um na testa, numa parte dura da cabeça, e o segundo, em uma artéria do coração. Esse segundo tiro interrompe o fluxo sanguíneo de seu cérebro e a partir daí, Henri não mais se movimenta, não mais fala, nem mais se lembra de qualquer coisa.

Passa por intensa fisioterapia, que lhe restitui parte dos movimentos, mas a maior transformação do advogado ocorre em seu espírito. O choque faz com que ele repense a vida, e ele realmente se modifica para melhor, tornando-se um bom homem. O sofrimento muda a sua vida.

De certa forma, encontramos na história desse filme o que Richard Simonetti narra em seu romance *Mudança de Rumo*. O livro conta a história de um espírita que havia se distanciado da observância moral, motivado pelas exigências e tentações humanas. Estava literalmente "botando os pés pelas mãos", desperdiçando as oportunidades da jornada terrestre.

Eis que uma EQM – Experiência de Quase Morte – lhe dá plena visão da paisagem resultante de seus desvios. A partir daí passa a motivar-se plenamente para o seu esforço de renovação. Sinceramente, pede ajuda a Deus e a seus espíritos protetores e "cria juízo". Desperta para suas obrigações espirituais e aproveita a maravilhosa oportunidade que Deus havia-lhe concedido na abençoada escola da reencarnação.

Relembramos ainda, nessa linha de pensamento, a experiência de "Scrooge", do inesquecível conto de Charles Dickens, *Os Três Espíritos do Natal*. O velho sovina recebe as visitas dos Espíritos dos Natais Passados, do Presente e do Futuro, e conscientiza-se da sua mesquinhez e das consequências que o aguardam na vida após a morte.

As visitas dos espíritos "mexem" com Scrooge, que passa a considerá-los verdadeiros benfeitores de uma "segunda chance" que Deus está lhe proporcionando. Scrooge aproveita essa oportunidade para mudar sua vida para melhor, tornando-se efetivamente um bom e generoso homem.

Nas três situações que apresentamos – a de Henri, em *Uma Segunda Chance*, a do livro *Mudança de Rumo*, de Richard Simonetti, e a da experiência de Scrooge, do conto de Charles Dickens – vemos claramente as mãos dos mentores espirituais tentando "salvar" criaturas que estão se desviando do caminho certo da vida.

No entanto, estaremos redondamente enganados se

concluirmos que a tolerância da espiritualidade não tem limites. As novas oportunidades geralmente não são muito suaves. E quando não as aproveitamos, é melhor, como diriam os antigos, "colocar as barbas de molho", pois daí para a frente vem "chumbo grosso".

Se desperdiçarmos as derradeiras tentativas de recuperação dos amigos espirituais, é melhor nos prepararmos para longos períodos nas moradas escuras da erraticidade e futuras encarnações dolorosas e solitárias.

Dor e comportamento

No livro *Comer, Rezar, Amar*, de Elizabeth Gilbert, a autora descreve um momento difícil de sua vida. Estava atravessando o estado de Kansas, nos Estados Unidos, com sua amiga Iva. Comentou com ela a angústia que sofria por causa do seu divórcio, que teimava em não acontecer.

– Queria poder escrever um abaixo-assinado para Deus pedindo para isso terminar -, comentou Elizabeth.

– E por que não escreve?, disse Iva. Elizabeth explicou que não se sentia à vontade pedindo coisas específicas para Deus. Se estava enfrentando desafios, era porque provavelmente Deus quisesse que isso acontecesse em sua vida.

– E onde você arrumou essa ideia idiota de que não

pode fazer um pedido ao universo com uma prece? Você faz parte do universo, Liz, tem todo o direito de participar de suas ações e de deixar claros os seus sentimentos.

Liz animou-se com a observação e redigiu mentalmente um pedido a Deus, uma espécie de abaixo-assinado em que expunha sinceramente a situação difícil que estava atravessando. E, ao final, pedia humildemente sua ajuda, caso fosse possível.

– Eu assinaria esse abaixo-assinado, e tenho certeza de que muitas outras pessoas também o assinariam, – disse Iva.

Começaram a fazer um estranho jogo de suposição, encontrando pessoas que apoiariam Elizabeth naquela prece. E os nomes foram surgindo espontaneamente, de vivos e mortos. Eram familiares, amigos, grandes criaturas da humanidade que Liz admirava... Ao final da brincadeira, tinham milhares de signatários.

Depois daquele estranho ritual, Liz dormiu, enquanto Iva cautelosamente dirigia pelas estradas do Kansas. Acordou com uma agradável sensação de paz e apoio. Toca o celular. Iva olha significativamente para ela e diz: – "Atenda!" –, como se já soubesse a origem do telefonema. Liz atende ainda meio dormindo e ouve, emocionada, a voz da sua advogada da longínqua Nova Iorque:

– Ótimas notícias! Ele acabou de assinar.

Por que orações são atendidas? No artigo *Espiritualidade*

e Genética, Guaraciara Maia informa que "algumas pesquisas estão comprovando a importância dos nossos sentimentos, das nossas emoções e o quanto elas são responsáveis pelo nosso estado de saúde ou doença. Muitos pesquisadores estão trabalhando na área da neurociência, procurando entender o que acontece no cérebro das pessoas que oram, que meditam, que têm fé".

Vários cientistas estão chegando à conclusão de que todos nós temos o poder de ativar genes benéficos ou maléficos. O Dr. Kazuo Murakami, um dos cientistas que decodificou o genoma humano, em seu livro *O Código Divino da Vida*, tenta provar a hipótese de que "felicidade, alegria, inspiração, gratidão e oração ativam genes benéficos". "Precisamos ter uma visão mais ampla da vida e nos empenhar para encontrar o lado positivo de tudo que vivemos", completa Murakami.

No livro *Libertação*, André Luiz afirma: "Dirija um homem a sua vontade para a ideia de doença e a moléstia lhe responderá ao apelo, com todas as características dos moldes estruturados pelo pensamento enfermiço...".

O ser humano detém não somente a possibilidade da autocura, mas também da autodoença. Se assume constantemente a condição de vítima ou se empolga com suas dores e doenças, com certeza, estará retroalimentando as suas desgraças. Porém, se esforçar-se para valorizar as coisas positivas da sua vida, se encarar as situações desagradáveis como aprendizado, se valorizar os momentos felizes, se cultivar a alegria, a gratidão e a oração, sem dúvida estará ativando seus genes benéficos. E se mesmo sabendo que alguns sofrimentos são merecidos, e se ainda assim reage valoroso contra o mal de si mesmo e à sua volta, "encontra imensos recursos de concentrar-se no bem, integrando-se na corrente de vida vitoriosa*".

A proposta do cientista Dr. Kazuo Murakami deve ser levada muito a sério. Felicidade, alegria, inspiração, gratidão e oração ativam genes benéficos. Médicos terrestres ou do espaço auxiliam, mas a CURA é sempre AUTOCURA, isto é, depende do nosso comportamento. Não somos vítimas indefesas do destino e da má sorte. Bons pensamentos e bons sentimentos curam, previnem, acalmam, clareiam e equilibram a mente. Más vibrações atraem doenças e dores. A ciência está a um passo de comprovar que o nosso bem-estar depende de nós mesmos. Preservemos a nossa ligação com o bem e com o divino. São a fonte da nossa saúde física e espiritual.

* André Luiz, Libertação

A verdadeira cura

Do *best-seller A Cura através da Terapia de Vidas Passadas*, do Dr. Brian Weiss, resumi e adaptei o seguinte caso real ocorrido em seu consultório de Miami (EUA):

"Linda sente-se mal quando usa colares ou qualquer vestimenta que toque seu pescoço. As golas de suas roupas ficam alargadas de tanto serem puxadas. Nunca fecha o último botão de qualquer blusa.

Desde a adolescência tem asma. Depois de tentar, inutilmente, inúmeros tratamentos convencionais, resolve buscar a cura na terapia de vidas passadas. Tem pesadelos, fobias e ataques de pânico. Depois de várias tentativas de relaxamento, o médico tenta a hipnose. Instrui-a a resgatar o ser vulnerável de sua infância, através do seu ser adulto atual. Por cerca de 90 minutos 'limpa' sua infância.

Quando finalmente emerge do estado hipnótico, linda sente-se melhor. Volta a cantar, coisa que adorava e não fazia mais desde a infância. Fica menos ansiosa e seu estado de espírito melhora.

Todavia, os medos persistem e permanecem a asma e a aterradora ideia de asfixia. Ainda não suporta qualquer objeto próximo de seu pescoço. Na sessão seguinte, o profissional usa a técnica de indução rápida, que produz um nível profundo de hipnose em 30 segundos.

Linda começa a soluçar e arquear o pescoço.

– Vão me por na guilhotina -, grita, apavorada.

Observa-se sendo decapitada. O médico repassa essa cena da morte várias vezes, até ela conseguir contar calmamente o que havia acontecido na vida anterior. Reconhece no algoz que a encaminhou à execução pessoa muito próxima da atual encarnação. Agora entende o por quê de suas desavenças.

Ao final da regressão, Linda abotoou sem hesitar o botão de cima da blusa. Estava curada. Os sintomas não voltaram. – O que você precisava aprender com essas experiências? –, perguntou-lhe o terapeuta.

-Não odiar, respondeu ela. Devo aprender a perdoar e não odiar.

Dr. Brian percebeu claramente então que, a partir da cura física, iniciava-se também o processo do perdão".

Se tivéssemos grandes virtudes, não precisaríamos retornar à experiência física. Precisamos voltar, porém, e nesse processo o esquecimento do passado é providencial. Priva-nos do que nos faria mal. A recordação indiscriminada poderia nos humilhar ou exaltar o nosso orgulho, daí recebermos uma existência novinha em folha, sem nos lembrarmos de quem prejudicamos, nem de quem nos prejudicou. Ficam apenas as reminiscências, vocações inatas que nos impelem a este ou aquele caminho. Aversões antigas, amores santificantes e gostos aprimorados aparecem em nossas mentes como lampejos em fração do nosso mundo consciente.

Todavia, dentro dessa necessária obscuridade, quando algumas recordações podem nos fazer bem e tornar mais leve o fardo da presente existência, Deus permite que delas tomemos conhecimento. E a ciência atual está colhendo preciosos frutos dessa incursão ao inconsciente humano.

Terapeutas conscientes e responsáveis, como o Dr. Brian Weiss, estão autorizados a levantar uma ponta do véu do esquecimento, tranformando pessoas traumatizadas em pessoas normais e felizes. Além de curar doenças, espantar medos e eliminar áreas de pânico, esses modernos investigadores da mente humana estão promovendo o perdão e a reconciliação. Estão no caminho certo, desenvolvendo a parte mais importante do processo da cura: A cura do Espírito.

Maktub
Estava escrito?

A ideia do determinismo de muitas religiões orientais concebe que tudo o que acontece é pela vontade de Deus. Se há miséria, infelicidade e sofrimento no mundo é porque Deus permite e assim deve ser. Os que professam as religiões reencarnacionistas, entre esses os espíritas, nem sempre fazem melhor. Diante do princípio da reencarnação, muitos argumentam, contrariamente à ideia de evolução, que se as pessoas estão sofrendo é porque estão resgatando dívidas cármicas do passado.

O grande engano cometido pelas pessoas que assim raciocinam consiste em acharem que os males do mundo são obra de Deus. Ao contrário, podemos pensar que esses males acontecem exatamente pelo distanciamento do homem em relação ao Criador. Daí para se chegar ao que o francês denomina "*laisser-faire*", isto é, "deixar do jeito que está para ver como é que fica", é um passo.

A atitude contemplativa ou a indiferença que caracteriza o comportamento humano nada mais é do que a personificação do egoísmo. Em outras palavras, "cada um que se vire e cuide da própria vida". Como ficaríamos se Jesus tivesse pensando dessa forma? Teríamos recebido a bênção da sua admirável mensagem? Provavelmente, não. A sua coragem, determinação e exemplo deveriam inspirar nossas vidas de forma a nos transformarmos em verdadeiros agentes de melhoria do mundo.

Cada um de nós está convidado pela mensagem cristã a dar a sua contribuição pessoal em favor de um mundo melhor. Longe da ideia do "destino" ou do "estava escrito", com pequenos gestos e atitudes aplicados na rotina diária, podemos efetivamente dar "outra cara" aos nossos relacionamentos e contribuir efetivamente para que as coisas tomem um rumo diferente daquele que estava aparentemente programado.

Difícil? Complicado? Inútil? Vejamos. É famosa a história publicada pela Seleções do Reader's Digest (06/98), em que senhora de idade fora transferida para um apartamento, com mais segurança para pessoa de sua idade. Os filhos e os netos ficaram temerosos, pois durante toda a vida as roseiras tinham sido a sua marca registrada. E ali, naquele espaço, a tendência natural seria que ela murchasse diante da impossibilidade de cultivar suas flores.

Qual não foi a surpresa dos familiares quando, meses mais tarde, ela apresentou a sua "nova roseira", no minúsculo espaço de uma varanda. Graças às suas mãos mágicas e sua inquebrantável determinação, ela havia transformado um pedaço de cimento frio em um paraíso florido. E mais, sua varanda havia sido eleita, num concurso local, uma das mais belas de toda a cidade. Entregou-se ao destino? Nem pensar! A octogenária transformou o seu destino.

Na verdade, o que caracteriza o homem racional e o distingue da animalidade é exatamente a capacidade de transformação. Todos nós temos esse talento, que em alguns está ainda embutido e em outros em pleno exercício. E cada um de nós tem possibilidade de fazer alguma coisa para deixar a vida mais alegre, mais solidária e menos carrancuda.

Mesmo que não tenhamos um específico talento como da avozinha das flores, vejamos alguns exemplos do que cada um pode fazer para "melhorar o destino": telefonar ou visitar um idoso que mora sozinho; segurar a porta para quem vem atrás; não deixar que as pessoas "curtam" os seus problemas pessoais; falar apenas das coisas boas que acontecem; mandar um bilhete de apoio a quem esteja passando por dificuldades; telefonar para um amigo, cumprimentando-o pelo aniversário; dispor-se a ajudar casais inexperientes que acabaram de ter o primeiro filho; parar o carro diante da passarela ou do cruzamento; levar o carrinho do supermercado para o lugar certo; colaborar com os iniciantes de uma atividade profissional.

São apenas exemplos. A partir de agora, se observarmos bem, surgirão inúmeras oportunidades de "mudar o destino" e começar a transformar o nosso mundo. Raras pessoas existem que estejam totalmente impossibilitadas de dar a sua colaboração ao próximo. Nem condição social ou financeira difícil são obstáculos a quem tenha disposição de ajudar. Estava escrito? Foi o destino? Nada disso. Eu sei que posso dar a minha contribuição para um mundo melhor.

Bullying Crueldade ou falha na educação?

Seu filho não quer mais ir à escola. Não consegue concentrar-se no aprendizado. Tem lapsos de memória e falta de apetite. Você quer conversar, mas ele se esquiva. Você liga a TV para se distrair e assiste, com interesse, a uma entrevista com a psiquiatra Dra. Ana Beatriz Barbosa Silva. Autora de vários livros, ela está falando sobre sua mais recente obra: *Mentes Perigosas nas Escolas*.

Bulliyng é uma palavra da língua inglesa que sintetiza a

violência continuada, física, verbal ou através da internet, geralmente praticada por grupos, com intenção injustificável de provocar sofrimentos físicos ou morais. Normalmente a vítima é indefesa, quieta e sofre a violência em silêncio, com medo de mais represálias. Acontece geralmente nas escolas, mas também em locais de trabalho ou em outros ambientes.

Não é um problema novo, mas muito mais comum do que sempre se imaginou. Seus efeitos, graves para os agressores e vítimas, começaram a ser pesquisados nos últimos anos. Quem sofre ou vê sofrer o *bullying* pode passar a ter medo, depressão, pânico, anorexia e bulimia. Em casos mais extremos, chegam a ocorrer suicídios e homicídios. Sessenta por cento dos agentes têm a progressão de suas "brincadeiras" para conflitos no trânsito, agressões em mulheres, envolvimento em brigas e têm, no mínimo, uma passagem pela polícia até os 24 anos de idade.

A Dra. Ana Beatriz Barbosa Silva está empreendendo uma verdadeira cruzada brasileira contra o *bullying*, assunto que ganhou tal repercussão na mídia, em órgãos de ensino e entre autoridades, a ponto de provocar o surgimento de novas leis, punições pecuniárias e medidas, visando despertamento da sociedade para o problema.

Agentes do *bullying* agridem por que querem se tornar populares, porque têm problemas em casa, porque não tiveram bons exemplos dos pais ou porque sofreram algum tipo de violência. Poucos, felizmente a minoria, praticam o *bullying* pelo prazer mórbido de provocar o sofrimento.

Na escolha de uma escola, os pais da Inglaterra estão

dando hoje mais importância à existência de uma política de "não *bullying*", passando para segundo plano a qualidade e os métodos de ensino. Os responsáveis tomam cuidado com as expressões de *marketing* "nesta escola não há *bullying*", pois em vez de negar a existência da violência, torna-se fundamental preveni-la e controlá-la.

O problema é geral. É da sociedade, da escola e das autoridades, mas o seu controle está nas mãos dos pais, a quem cabe detectar a mudança de comportamento da vítima. São os pais que devem exigir o envolvimento de diretores, professores, alunos e toda escola. São os pais dos agressores que devem reconhecer os males que seus filhos estão provocando e adotar limites e tratamentos, para que não degenerem e venham a perder suas vidas.

Se nada é feito em relação a essa agressividade, nosso filho pode vir a perder os melhores momentos de sua vida escolar. Mas, se nada é feito em relação ao agressor, ele pode se tornar um agressivo marginal. Absurdamente, alguns mitos e equívocos começam a se formar em torno do *bullying*, justificando-se as atitudes do agressor com argumentos do tipo: a culpa é da vítima, ela deve resolver o problema por si própria; a vítima é fraca e sensível demais, a criança deve defender-se.

O que fazer para combater essa prática nas escolas? Exigir a implantação de política *antibullying* envolvendo professores, funcionários, alunos e pais. Informar, sensibilizar, conscientizar, mobilizar, estabelecer limites em casa e regras na escola. A melhor forma de tratar o *bullying* é evitar que ele ocorra. Ele geralmente acontece nas escolas onde não há supervisão. Escolas menores e fisicamente bem tratadas desencorajam o *bullying*. A qualidade de vida dos alunos de cada escola e o tipo de relação intrafamiliar influenciam na sua incidência.

Todas as ações sugeridas são importantes, mas a principal atitude será a de darmos a devida atenção aos nossos filhos, passando-lhes confiança, senso moral e respeito ao próximo. Agressor, vítima e testemunhas silenciosas devem merecer nossos cuidados. Todos os que querem uma sociedade menos violenta e mais justa devem combater o *bullying*. Dessa forma, estaremos moldando uma sociedade melhor, enquanto é possível.

"Temos que mudar a sociedade enquanto ela é mutável: na infância, na juventude e nos bancos escolares*".

༺༻

O espírita é convidado a refletir sobre esse assunto com a consciência que Kardec nos traz, nas questões 383 e seguintes de *O Livro dos Espíritos*, de que na infância o espírito está mais acessível às impressões que recebe e que podem ajudar o seu adiantamento. Essa maleabilidade pode ajudar ou prejudicar se nós, pais e responsáveis, não adotarmos efetivas medidas de proteção e acompanhamento. A criança precisa do nosso apoio e da nossa correção. Reprimir suas más inclinações e blindá-las de influências perniciosas são os deveres que Deus nos confiou.

* Dra. Ana Beatriz Barbosa Silva

Os doze passos para a sobriedade

1 – ADMITIR

Há uma piadinha sem graça que diz: "Não sou viciado. Largo o vício quando quiser. Já larguei vinte vezes". O primeiro passo é realmente admitir para si mesmo que precisa de ajuda.

2 – CONFIAR

É preciso confiar em Deus e em si mesmo. Apelar para o Alto é fundamental. Basta observar a vida e encontraremos as marcas do insondável. Olhando para o passado, notaremos como fomos auxiliados por Deus.

3 – ENTREGAR

A humildade é a chave da nossa recuperação. É necessário confiar em nossa determinação e nos programas de recuperação, entender que o "só hoje vou me abster", repetido a cada novo dia, é o caminho para a superação do vício.

4 – ARREPENDER-SE

O arrependimento eficaz faz parte da lei dos homens e das leis de Deus. Ele é o primeiro passo para uma nova vida e a prevenção contra recaídas futuras.

5 – CONFESSAR

Confessar para si mesmo que foi fraco não é desonra. Dar o bom exemplo para os demais interessados na recuperação é honra. Esteja preparado para o testemunho da queda, mas acima de tudo, para o testemunho da nova vida. Não importa quantas vezes eu caí. Importa que agora estou de pé, novamente.

6 – RENASCER

Uma nova vida nos aguarda. O pior dos facínoras merece o carinho de Deus. É preciso que "o homem novo" de Paulo, o apóstolo, renasça das nossas cinzas e nos projete para uma nova vida digna e confiável. A nossa determinação para esse renascimento é fundamental.

7 – REPARAR

"De boas intenções o inferno está cheio." Efetivas providências não podem ficar no "acho", "tenho vontade" ou "vou pensar". O preço de uma vida digna parte da total convicção de que estamos procurando o melhor para nós mesmos.

8 – PROFESSAR A FÉ

Seja qual for a nossa religião, contemos com Deus. Nos momentos mais difíceis ele nos sustém, aclara nossa mente e mantém o nosso bom ânimo. Ele espera, no entanto, que façamos a nossa parte. "Ajuda-te que o Céu te ajudará".

9 – ORAR E VIGIAR

Relaxar na vigilância é chamar o vício de volta. "Um olho no peixe, outro no gato", costumava asseverar meu pai. É essencial tomar os medicamentos prescritos, contar com a ajuda de Deus, sem jamais abdicar da vigilância contra as incursões de "amigos" que queiram nos manter na vida escura da dependência. A vigilância deve ser constante.

10 – SERVIR

Meu padrinho costumava dizer: "Deus ajuda a quem trabalha, e ajuda mais ainda quem ajuda o próximo". Quer ser feliz? Faça alguém feliz. A melhor maneira de chegarmos à sobriedade é ajudar alguém a se tornar sóbrio.

11 – CELEBRAR

A melhor celebração da vitória exige respeito pelo adversário. Avalie a sua situação antiga. Não subestime os perigos do tóxico. Se estamos fortes, continuemos fortes, sem desmerecer os perigos do vício. Vivamos a vida nova com precauções novas.

12 – FESTEJAR

Integre-se a um grupo social, seja ele ligado a uma religião, esporte, arte ou filosofia. A melhor festa é aquela em que haja gente sã e equilibrada ao seu lado. Invertendo o ditado, poderíamos dizer: "Dize-me quem és e te direi com quem andas".

(Os "passos" são do A.A. – Alcoólicos Anônimos. Apenas os comentários são do autor).

Os milagres do amor

E, de repente, aquele templo de orações se transforma. No local destinado à reflexão e às preces, os frequentadores ficam além do costumeiro horário de saída para planejar a festa anual. Todos já aguardavam com ansiedade esse momento para iniciar as convocações de novos voluntários, as reuniões dos mais experientes, os preparativos para armação das barracas, as campanhas de arrecadação, os impressos, a publicidade... Enfim, um sem número de providências que vai transformá-los em um exército de trabalhadores.

Todos sabem da trabalheira que os espera, mas conhecem também a gostosa sensação do trabalho em equipe, da solidariedade da cooperação que passam a permear todos os que arregaçam as mangas para o trabalho. E esse bem-estar vai além do tempo dos preparativos e dos dias da festa, vai prolongar-se por meses, sem que os favorecidos consigam avaliar exatamente os benefícios físicos, espirituais e emocionais que vão envolvê-los.

❧

O passado de Victor não era dos mais recomendados. Pairavam sobre ele alguns erros antigos. Foi com surpresa que o encontrei de avental, touca e com a mão lambuzada de massa de pizza, trabalhando intensamente nos preparativos da festa anual.

– O que esse folgado está fazendo por aqui? –, perguntei a um dos dirigentes.

– Folgado? –, respondeu-me. Victor é um dos nossos mais dedicados colaboradores.

– E continuou: leva nas costas o trabalho de assistência às nossas crianças. Está vivamente empenhado na abertura de nova unidade beneficente, é "pau para toda obra". Você deve estar enganado. Victor é "gente fina".

– É, devo estar enganado mesmo –, disfarcei, saindo de fininho.

❧

Encontrei Jorge várias vezes nas visitas que faço semanalmente à unidade de recuperação de alcoólatras. Tinha sofrido inúmeras recaídas. Costumava aparecer em nossas reuniões com "bafo de onça", recendendo a álcool. Prometia constantemente que se curaria e nada. Dali a algum tempo lá estava novamente na sarjeta. Foi com surpresa e alegria que o encontrei em pleno trabalho, porém, achei que era insanidade deixarem-no cuidar da parte financeira do evento.

Perguntei a um dos organizadores:
– Como está o trabalho do Jorge?
– Espetacular!, respondeu-me o velho Jeremias, "linha dura" na condução dos trabalhos da festa. Está sóbrio há quase três anos, tornou-se responsável e equilibrado. Desde que se integrou à nossa equipe, nunca mais bebeu. É um trabalhador de "mão cheia".

๛

Miriam chegara às nossas reuniões descabelada. Hipocondríaca, costumava portar uma indissolúvel nuvem de tristeza.
– Onde vou chove! -, afirmava, pessimista.

Orações, aconselhamentos, leituras, vibrações. Nada melhorava o seu estado. Nas minhas andanças pelos preparativos da festa anual, ei-la, rodeada de amigas, cabelo bem arrumado, uniforme impecável, feliz, sorridente. Estava preparando as tortas e os bolos para serem servidos como sobremesa.

Abracei-a feliz, comovido.
– Que bom vê-la por aqui! –, afirmei com sincera entonação.

— Pois é, disse ela sorrindo. Resolvi seguir as recomendações da casa. Desde que me integrei a esse núcleo de trabalho, nunca mais tive doenças ou tristezas. O trabalho social foi um santo remédio.

— Não pude deixar de me comover. Estava ali a prova final do "Ajuda-te que o céu te ajudará."

※

Por que existem tantas obras sociais? Porque elas curam, regeneram, equilibram. Ao lado dos benefícios oferecidos aos carentes de toda sorte, beneficiam-se os trabalhadores que se prestam ao amor e à caridade. Jesus veio ao mundo para impulsionar o nosso ritmo evolutivo com seu mapa de tolerância e entendimento.

O roteiro está pronto. Motivando-nos ao trabalho e à renovação moral, temos o lenitivo para nossas dores, a força para vencermos nossos vícios e a energia necessária ao equilíbrio. A partir do momento em que nos prestamos ao serviço em favor do próximo, volta a saúde, reajustam-se nossos sentimentos e aprumam-se nossos espíritos. Não se trata de procurar a caridade em busca literal da salvação. Não estamos perdidos. Ocorre que a caridade diária, constante, nos salva do egoísmo, dos erros, dos ódios e dos ressentimentos. Quer a receita da felicidade? Quer ser feliz? Faça alguém feliz!

Realengo, bullying e Bin Laden

Na tragédia de Realengo, ocorrida em abril de 2011, consta que uma das motivações dos crimes teria sido o *bullying* sofrido pelo autor por parte dos colegas da Escola Municipal Tasso da Silveira. E que ele pesquisava muito sobre atentados terroristas e grupos religiosos fundamentalistas.

Tragédias como a de 11 de setembro de 2001, ao que tudo indica arquitetada pelo saudita Osama Bin Laden, e a ocorrida na escola municipal de Realengo, em 7 de abril de 2011, causam indignação e revolta. No entanto, se bem analisarmos o comportamento das pessoas, tanto no Brasil como em outros países, talvez cheguemos a conclusões não muito confortáveis.

Pessoas do mundo inteiro, particularmente jovens americanos, comemoraram nas ruas a morte de Bin Laden. Uma das lembranças da minha infância é a euforia das pessoas quando souberam da morte de Hitler. Foram festas e mais festas em função das mortes de vilões responsáveis por dores e sofrimentos infligidos a um sem número de inocentes. Sem dúvida, quando nos livramos de uma ameaça, alegramo-nos com o alívio do retorno à tranquilidade e à segurança. Entretanto, embora compreensíveis, esses comportamentos contemplam a lei de talião, isto é, quem com ferro feriu, merece com ferro ser ferido.

Embora aceitáveis para o ponto de vista humano, tais manifestações nada mais são do que a celebração da violência, que atualmente grassa por todas as nações; violência que parte dos mais poderosos líderes, estende-se pelas relações comerciais, atinge os jovens, tanto em suas relações sociais como nos estabelecimentos de ensino, invade nossos lares e contamina nossas famílias.

A mesma violência utilizada por Bin Laden em seus inúmeros ataques terroristas por todo o mundo caracterizou a sua captura. Consta que os soldados americanos que atacaram o seu esconderijo encontraram-no desarmado e que ele teria sido morto já depois de dominado, sem possibilidade de reação.

– Mereceu! –, argumenta o mundo.

Pode ser, mas não foi feito com ele exatamente o que costumava fazer com os outros? Pensemos sobre isso!

A violência utilizada pelo jovem ex-aluno da escola municipal de Realengo caracteriza o comportamento de inúmeros grupos que provocam sofrimento, dor, fobia e violência quando a sociedade insiste em não combater o *bullying*. Essa violência lembra os massacres em escolas americanas, como Columbine e Virginia Tech, mas lembra também a brutal diferença de condições de vida entre o sul maravilha do Brasil e nossos irmãos do interior nordestino.

Essa mesma violência caracteriza a vida maravilhosa de uma parcela dos que habitam o chamado *Primeiro Mundo* que assistem, de camarote, além do Mar Mediterrâneo, inúmeras populações africanas que sofrem de AIDS, febre amarela, falta de alimentos e de estudos, e ausência de condições mínimas de sobrevivência como água potável, energia elétrica e moradia, sem falar da opressão de seus ditadores.

Basta que o indivíduo tenha poder, dinheiro, posição ou prestígio para se considerar "superior" ao pobre ou ao ignorante. A violência financeira de Wall Street faz lembrar "a lei do mais forte", em que maquiavelicamente tudo é permitido. "Os fins passaram, de uns tempos para cá, a justificar todos os meios". E se não fazem as coisas conforme a minha vontade "eu prendo e arrebento", como diria um conhecido general de triste memória.

O estado de direito que pretendemos que exista não pode coexistir pacificamente com a violência e com a impunidade. Sem nos determos longamente na moral do Cristo, que veio substituir a vingança, da Lei de Talião de Moisés, para não incorrermos em deslocada pieguice, é preciso entender que uma sociedade justa não pode mais tolerar nem violência, nem maquiavelismos, nem impunidade.

Se queremos que nossos jovens passem a ter bom comportamento nas escolas, nos lares, na sociedade, nós adultos precisamos dar o exemplo. O verbo edifica, mas o exemplo arrasta. Impulsionados pelo "modus operandi" das tropas americanas, muitos "justiceiros" serão despertados e, oxalá eu esteja errado, começarão a repetir o infeliz episódio de Realengo em várias partes do mundo.

Violência gera violência. Se queremos que nossos filhos e netos sejam pacíficos, a partir de agora temos que combater a intenção de fazer sofrer do *bullying* e evitar a opressão sobre subordinados e pessoas social ou financeiramente inferiores a nós. Também devemos repudiar comportamentos de maus líderes, administradores gananciosos, políticos corruptos e desonestos, detentores do poder econômico que insistem em cuidar dos seus próprios interesses sem pensar nas necessidades da população.

Se queremos uma sociedade melhor, essa é a hora de nos unirmos e darmos o bom exemplo. Precisamos, na medida do possível, começar a superar o trio terrível responsável por todas as dores da humanidade: egoísmo, vaidade e orgulho. Compactuar com o mal é contribuir para que ele se perpetue.

Começando por mim

"*Haja paz na Terra, a começar em mim.*" (Hino Adventista, composto por Sy Miller e Jill Jackson). Costumamos criticar políticos e homens públicos. "Se eu estivesse no lugar deles, a história seria diferente", afirmamos. Os políticos saem do nosso meio, nós os elegemos. No entanto, nossas atitudes cotidianas acabam por estimular a desonestidade e a impunidade.

O erro não está apenas no desvio do dinheiro público, está nas atitudes do dia a dia, no não cumprimento dos compromissos assumidos perante à sociedade, à espiritualidade e perante a nós mesmos. Não basta sermos religiosos "de fachada", "de crachá", "de faixa na testa".

Num pinga-fogo sobre a corrupção, Richard Simonetti destaca que "a causa comum para todos os males humanos, inclusive a corrupção, é o egoísmo". E que a Doutrina Espírita é "extremamente eficiente no combate à corrupção, na medida em que nos dá uma visão do que nos espera no mundo espiritual se desencarnarmos comprometidos com o vício, o crime e a desonestidade".

Acrescentaríamos este texto de Allan Kardec sobre a imperfeição: "Basta ferir a tecla do interesse pessoal para se pôr o fundo a descoberto. O apego às coisas materiais é indício notório de inferioridade, pois quanto mais o homem se apega aos bens deste mundo, menos compreende o seu destino.*"

A verdade é que por omissão, por interesse pessoal ou simplesmente por acomodamento, acabamos por contribuir com os males do mundo. Dizemos: "- Eu não posso, não tenho tempo, não tenho dinheiro, preciso de melhores condições de vida."

Essas afirmativas, diante da iniciativa de Lisa Bendall, registrada no artigo *Uma boa ação para cada dia*, de "Seleções do Reader's Digest", soam como desculpas esfarrapadas. Lisa não tinha excepcionais condições de vida, nem dinheiro à vontade. Não obstante, deu um maravilhoso exemplo de bondade e cortesia ao mundo.

Vejamos algumas de suas sugestões:
• Cumprimente um estranho.

_____
* Ver questão 895 L.E.

- Visite alguém doente.
- Telefone a um amigo cumprimentando-o pelo aniversário.
- Doe roupas usadas.
- Ajude uma mãe ocupada a levar as compras até o carro.
- Seja um bom ouvinte para quem precisa falar.
- Leve um café fresco ao vigilante noturno.
- Auxilie mães "de primeira viagem".
- Segure a porta para quem vem atrás.
- Doe sangue.
- Ajude uma creche.
- Não jogue papéis pela janela do carro.
- Seja gentil com garçons, frentistas ou outros servidores.
- Tome conta do filho de alguém.
- Mande um *email* a quem passa por dificuldades.
- Doe livros a uma escola.
- Auxilie os iniciantes.
- Telefone para (ou visite) um idoso que more sozinho.
- Leve uma caixa de biscoitos ou chocolates para os colegas.
- Elogie o funcionário público que trabalha direito.
- Dê carona a um amigo que não tem carro.

Abrindo mão da minha "zona de conforto", não acabarei com a corrupção do mundo e com o meu exagerado interesse pessoal. Mas, estarei dando um grande passo em direção à *Paz na Terra, a começar por mim.*

Quando é preciso dizer não

"A dureza e a ingratidão não podem perseguir o amor puro. (...) Quando as almas reencarnadas se revelam impermeáveis ao reconhecimento e à compreensão, distanciamo-nos delas, naturalmente, ainda mesmo quando encerrem para nós valiosas joias do coração, até que se integrem ao conhecimento das leis de Deus e se disponham a segui-las em nossa companhia. (...) Se não nos sentimos com a precisa coragem para o afastamento necessário, (...) somos favorecidos com o tratamento magnético que opera em nós o esquecimento passageiro*".

Durante quase 40 anos de tolerância e sacrifício, Madalena "engolira todos os sapos possíveis". Seu marido,

* André Luiz, Os Missionários da Luz

sempre autoritário e manipulador, não deixava de usar suas enfermidades – reais ou imaginárias – como meios para chantagear a mulher. Madalena se sentia incompetente para abandonar o lar, e Jorge sabia disso, por isso se aproveitava. Abandonar tudo? Ter sua própria vida? Nem pensar.

Chegava agora à terceira idade. E para seu desespero, seus filhos haviam se tornado cópias do pai. Também não a respeitavam e exigiam cada vez mais seus sacrifícios.

Eis que um dia, sabe-se lá de onde surgiu a ideia, Madalena resolveu comparecer a uma reunião mediúnica da Casa Espírita que frequentava. Não era dada a consultas. Achava que os espíritos tinham mais o que fazer do que ficar atendendo os encarnados. Contudo, uma força misteriosa a compelia à consulta; algo que era mais forte que sua própria vontade e princípios.

Sentou-se discretamente, bem no fundo da sala. Inesperadamente, foi chamada à frente pelo mentor espiritual dos trabalhos.

– Quem lhe outorgou a função de mártir, Madalena? – perguntou abruptamente o espírito.

– Mártir, eu?

– A dureza e a ingratidão não podem perseguir o amor puro.

– Mas, como? Eu sempre me dediquei integralmente à minha família.

– E esqueceu-se totalmente de você mesma. Sabemos do seu comportamento amorável, mas é tempo de você passar a pensar nas suas próprias necessidades. Estamos autorizados a ajudá-la a promover o equilíbrio da sua família, porém, você precisará fazer a sua parte.

Madalena estava totalmente confusa! Pensava que sempre agira de maneira correta e se via agora diante dessa disposição da espiritualidade. Não seria talvez algum processo de mistificação?

– Não se preocupe, Madalena. Sabemos que você fez todo o possível para seus familiares. É hora de eles acordarem para a vida.

Aturdida, Madalena voltou ao lar. Naquela noite, os incompreensíveis familiares, visivelmente influenciados por entidades das sombras, haviam se desentendido. E como sempre, ela era a apaziguadora e, ao mesmo tempo, o para-raios das lascas que sobravam.

Depois da tempestade e das orações ao leito, prometeu a si mesma refletir seriamente sobre as sugestões que havia recebido dos espíritos.

Embalada no sono por vibrações acalentadoras, foi transportada para a espiritualidade maior, onde obteve a confirmação das orientações recebidas e, ainda mais, o estímulo que lhe faltava para rever a sua posição de encarnada.

No dia seguinte, Madalena acordou disposta a mudar de vida e, ao mesmo tempo, contribuir de maneira mais efetiva para a reorganização da sua família. Promoveu uma reunião com Jorge, seu marido, e os dois filhos. Considerando que os filhos já haviam crescido e não mais necessitavam de seus cuidados diretos, comunicou suas decisões.

Havia abandonado a faculdade tão logo engravidara do primeiro filho e agora voltaria a estudar. Iria procurar um emprego, pois ansiava ser mais útil e queria provar a sua capacidade profissional. Se conseguira administrar uma casa e uma família, com certeza daria conta de novas tarefas externas. Aos finais de semana iria ligar-se à atividade voluntária da creche do bairro em que moravam.

As decisões de Madalena caíram como um raio sobre os familiares. Egoisticamente, apresentaram argumentos, dificuldades e objeções, dizendo que Madalena não tinha mais idade para esses arroubos da juventude. Mas ela, escudada pelos mentores espirituais que a acompanhavam, encheu-se de coragem e informou que suas decisões eram irreversíveis.

Era hora de pensar um pouco nela mesma.

ଛ୨୦୧

A princípio foi muito difícil. Os familiares praticamente "bombardeavam" todas as suas iniciativas. No entanto, Madalena estava forte e persistente, assim como havia sido com as coisas dos outros durante toda a vida. Os familiares não tiveram alternativa senão aceitar as "ideias revolucionárias" da mulher da casa.

"O verbo edifica, mas o exemplo arrasta sempre". A frase encaixou-se perfeitamente à nova fase da vida de

Madalena. Vendo a mãe feliz e entusiasmada com o estudo, a atividade profissional e o trabalho voluntário, os filhos passaram a olhá-la com mais respeito e observá-la melhor.

Dali a algum tempo, tendo que fazer cada um a sua parte na casa, pararam de centralizar as culpas e obrigações em Madalena e passaram a valorizar o trabalho até então realizado só por ela.

O próprio marido, reconhecendo o valor da esposa que, não obstante a idade vencia as dificuldades do estudo e os obstáculos profissionais, passou a vê-la com outros olhos. Tomou-se da mesma coragem e ingressou num programa de "desaposentadoria" que recentemente surgira em sua cidade, pensando que, se a esposa pôde, ele também poderia voltar a trabalhar.

ℰℋℛ

Os espíritos sempre estão dispostos a nos ajudar. Preocupam-se com a nossa vida, mas não podem operar em nosso lugar. Se nos distanciamos do caminho certo, mesmo imbuídos de boas intenções, procuram nos alertar e corrigir nossos enganos.

Daí em diante é por nossa conta. Rever os erros e passar a trilhar uma nova vida dependerá exclusivamente de nós mesmos.

Precisa-se com urgência

"Eu gosto de gente que vibra, que não tem de ser empurrada, que não se tem de dizer que faça as coisas, mas que sabe o que tem que fazer e que faz*".

Eu estava num grande mercado quando duas moças dirigiram-se a um rapaz, próximo à seção de bebidas. Pediam que as auxiliasse a encontrar determinado produto. Não pude deixar de ouvir o funcionário dizendo: "Não é comigo." Estranhei a resposta e aproximei-me, pois até os terceirizados que repõem produtos de suas empresas são mais solícitos. Mesmo correndo o risco da intromissão, perguntei-lhe:

– O senhor não trabalha neste mercado?

* Mário Benedetti

— Trabalho, mas não neste setor.

Isso foi o mesmo que dizer: "Esse problema não é meu".

De 1899 até hoje já evoluímos muito. As pessoas estão mais conscientes de que cada consumidor é um fiscal de suas atividades. Cada insucesso é forte indicador de que o desempenho não está adequado. E nosso emprego ou negócio dependem muito do bom atendimento. No entanto, de vez em quando encontramos pobres coitados que procuram se esquivar o quanto podem do trabalho, do aperfeiçoamento e da boa vontade. Porque falei em 1899? Foi quando Elbert Hubbard escreveu o artigo *Uma mensagem a Garcia*, que já teve mais de 40 milhões de reproduções, e que passo a resumir:

Na guerra contra a Espanha, o Presidente dos Estados Unidos precisava comunicar-se com Garcia, o chefe dos rebeldes que se encontrava no interior cubano, não se sabendo exatamente onde.

E se havia alguém capaz de encontrar Garcia, esse homem era Rowan.

Rowan foi trazido à presença do Presidente, que lhe confiou uma carta para ser entregue ao General Garcia. Após quatro dias, Rowan saltava de um barco, noite alta, nas costas de Cuba. Como se embrenhou no sertão, atravessou a pé um país e entregou a carta a Garcia, não vem ao caso. O que importa é que Rowan pegou a carta do Presidente e nem ao menos perguntou: Onde está Garcia?

Aleluia! Eis um homem cujo busto deveria ser colocado em cada escola do país. Mais do que instrução, nossos jovens precisam receber exemplos de como atuar com diligência, dar conta do recado para, em suma, levar uma mensagem a Garcia.

Se eu solicitar a alguém uma pesquisa sobre determinado personagem, obterei prontamente a resposta: "Sim, é para já!"? Infelizmente, não. Possivelmente obterei as seguintes objeções: "Quem é esse cara? Eu fui contratado para isso? Tem urgência? E se fulano fizesse isso? Para que quer saber isso?". E posso apostar que, depois de eu responder a essas perguntas, esse funcionário irá pedir a um companheiro que o ajude a encontrar Garcia e depois voltará para me dizer: "Esse homem não existe!".

Pode ser que eu esteja exagerando. O fato, porém, é que o mercado de trabalho está urgentemente precisando de gente especializada não apenas em uma área, mas que resolva os problemas de várias áreas. O brasileiro destaca-se no mercado mundial por ser eclético, isto é, por ter capacidade de não se limitar a determinado setor, e sim de resolver problemas de vários setores. Está voltando, no campo da medicina, a figura do "médico de família", aquele que entendia um pouco de tudo e que, nas horas mais sérias, "dava conta do recado" e salvava o seu paciente.

Contudo, as características principais desses "heróis" vão além da capacidade, da boa vontade, da disposição para o trabalho e da solicitude. A proatividade, isto é, a iniciativa em agir preventivamente e com capacidade de superar as expectativas iniciais é elemento indispensável à conquista e à manutenção de um emprego.

"A civilização busca, ansiosa e insistentemente, homens nessas condições. Tudo o que tal homem pedir ser-lhe-á de concedido. Precisa-se dele em cada cidade, em cada vila, em cada lugarejo, em cada escritório, em cada oficina, em cada loja, fábrica ou venda. O grito do mundo inteiro praticamente se resume nisso: precisa-se, e precisa-se com urgência, de um homem capaz de levar uma mensagem a Garcia*".

* Artigo Elbert Hubbard – Uma mensagem a Garcia

Vitiligo

"Estou saindo de casa com as crianças. Não quero mais viver com você". Foi com grande surpresa que Roberto recebeu essas palavras de Marina, sua esposa, que sempre fizera o melhor, cuidava bem da família, esforçava-se no trabalho e mantinha bom relacionamento com os amigos. Reconhecia, entretanto, que era muito agressivo.

Quando permitimos que as nossas boas atitudes de trabalho, carinho e honestidade juntem-se a atitudes ofensivas, temos o que Emmanuel chama de "meio bem". Ajudamos, cuidamos e alimentamos atitudes positivas e, ao mesmo tempo, continuamos preocupados com a nossa autoafirmação, à custa de imposições e impropérios.

Roberto precisará aprender, provavelmente à custa de muita dor e solidão, que as suas explosões acabam por criar em seus amigos e familiares um verdadeiro balanço contábil, em que as dores e medos que provoca podem ser maiores ou menores do que as alegrias.

❧❦

Recentemente, a jovem Marina recebeu de sua médica a notícia de que está com vitiligo.
-Mas, essa doença não é de origem genética? – indagou.
– Sim, respondeu a médica, e também emocional. E no seu caso, o processo de separação conjugal explica tudo.
Consultou outra dermatologista de confiança e então fez nova descoberta. A nova médica, muito consciente e preparada, informou-lhe que a primeira reação do organismo diante de uma pressão emocional não é o vitiligo. O primeiro alarme é a anemia. Anemia profunda que havia surgido na vida da jovem um ano antes.

Ocorre que, quando surgiu o sintoma dessa doença, depois de um ano contornada, ela estava em pleno casamento, e já surgiam sinais de descoloração a sua pele, particularmente no rosto. A conclusão a que a médica chegou é de que não foi a separação que lhe provocou as graves doenças. Elas foram disparadas durante o casamento.

❧❦

Geralmente aceitamos a separação de um casal quando há agressão física, no entanto, não conseguimos detectar a gravidade da agressão moral. O cônjuge pode até não tocar no outro, mas a pressão contínua, diária, impiedosa de uma pessoa desequilibrada pode matar psicologicamente.

Não raramente, cremos estar tratando da melhor maneira possível familiares, colegas de trabalho, irmãos de crença ou grupo de amigos, e estamos fazendo exatamente o contrário. Reflitamos sobre nossas atitudes e as consequências que elas estão provocando nas pessoas à nossa volta. A cólera é má conselheira. Façamos constantemente uma autoanálise, para que não venhamos a ser surpreendidos por doenças, desencanto e afastamento de pessoas queridas.

A volta do vô Joaquim

Quando o vi, não tive certeza de que era ele, mas poderia ser. O carinho, o abraço, tudo lembrava o vô Joaquim. Estava um pouco mudado, mais jovem, mas a atenção e o sorriso eram os mesmos. Parecia real, mas era sonho. Antes de acordar, vi repetir o gesto de que eu não mais me lembrava, uma marca na minha infância.

Quando tinha aproximadamente sete anos de idade, eu esperava com ansiedade a visita do querido vô Joaquim, que me considerava o neto predileto. Talvez todos os netos se considerassem da mesma forma, mas isso não importava. Quando meu avô chegava, sempre vestido com o uniforme amarelo de "motorista de praça", como era chamado o taxista daquela época, e o indefectível quepe cobrindo a cabeça calva, eu era o seu preferido.

Sempre havia algo a mais embaixo do quepe, uma moeda grudada na testa. E eu sabia que era para mim. Recebia a moeda e um carinhoso abraço do vô Joaquim.

Ao final do sonho, ele deixou a sua marca registrada. Levantou o quepe e ali estava a moeda de cinquenta anos atrás. Repetiu o gesto para não deixar a menor dúvida da autenticidade de sua visita. Acordei chorando, pela clareza do reencontro.

ଽଠେ

Cinco meses mais tarde, recebi um *email* de uma médium psicógrafa do centro espírita que frequento.

– Seu avô era estrangeiro? –, perguntou.

Na resposta, tomei o cuidado de não fornecer muitos detalhes, e pedi:

– Por gentileza, mande-me a mensagem e eu tentarei identificar o remetente pelo seu conteúdo.

E assim ela o fez.

– Vai, escreve! Escreve aí o que tento há vários dias passar a ele através de ti.

Indubitavelmente era o estilo do velho Joaquim. Trazia detalhes sobre atritos entre eu e meu pai, trazia notícias de minha mãe e me deu a grande alegria de saber que ela sempre me visita, como eu já havia percebido intuitivamente.

– Ela alegra-se em ver-te falar e pregar de Jesus e as verdades de além-túmulo, – disse ele.
– Presta atenção nos sinais que vem de Jesus, pois és muito distraído.
– Sou teu avô, pai de teu pai. E, "valha-me Dios, su padre está a arregaçar las mangas para ayudar-te también", derrapou em seu costumeiro espanhol.
– Continua nessa vida de iluminar consciências e despertamento aos mais necessitados. Tens farturas para repartir. Não questiones e siga as instruções e impulsos, pois estás bem direcionado por muitos do lado de cá, que te amam e torcem por ti. Adios e até un dia más.
A assinatura veio meio truncada: Jo. Nandes E. O nome completo de meu avô era Joaquim Fernandes Egea, totalmente desconhecido da médium que recebeu a mensagem.

༄༅

Mais de 50 anos depois do seu desencarne, meu querido avô Joaquim voltou. Não sei ainda o real motivo de sua visita. Porém, de uma coisa tenho certeza: novamente, a misericórdia do Alto se fez presente através de incontestável prova da sobrevivência da alma, não apenas pelo estilo ou pelas identificações pessoais, mas principalmente pela emoção e carinho de um avô que se preocupa e se alegra pelo reencontro com seu neto. Nossos queridos desencarnados prosseguem trabalhando. Preocupam-se e torcem por nós e, quando recebem autorização do Alto, comunicam-se para nos consolar e nos incentivar. Que bom revê-lo, meu querido vô Joaquim!

Uma alma que se encontra

Agressivo, prepotente, impaciente e imprevidente. Se pudéssemos resumir a personalidade de Olegário em poucas palavras, essas seriam as adequadas. Por outro lado, determinado e trabalhador. Ainda muito jovem, trabalhava e estudava. Cresceu trabalhando, chegou a ter três empregos simultâneos.

De manhã, trabalhava no escritório de uma revendedora de combustível. Não era bem o que mais gostava de fazer. Mesmo pagando um salário inferior às suas ambições, era uma empresa sólida, de tradição, com excelentes programas de aposentadoria e de saúde. Tolerava o emprego, pensando na estabilidade e no futuro, mas não tinha "papas na língua". Dizia para todos, em alto e bom som, que o salário mal dava para a mulher fazer as comprinhas na feira.

À tarde, trabalhava como corretor de imóveis. Sendo um vendedor nato, ganhava dinheiro e muito prestígio. À noite trabalhava como diretor de um canal de televisão local, onde começara como um simples "foca", encarregado de pequenas reportagens. Crescera com a empresa.

Nem se precisa dizer que chegava em casa cansado e estressado. Quem aguentava suas idiossincrasias era a "santa Amélia". Como a Amélia da famosa música, a esposa era dedicada ao lar e a "apagar os incêndios" de Olegário, ainda mais depois que passou a ter uma invejável renda mensal e um verdadeiro séquito de amigos e simpatizantes.

– Calma, Olegário, aconselhava Amélia. Não se trata as pessoas dessa maneira. E outra coisa, agora que você está ganhando bem, faça o seu "pé de meia". Segure um pouco os gastos.

Olegário não dava ouvidos à mulher. Nos finais de semana, promovia as mais concorridas festas da cidade. E ai daquele que o contrariasse! Tirando os seus superiores hierárquicos, que poupava para não correr o risco de perder o emprego, não levava desaforo para casa.

Entretanto, como diria um velho ditado, "um dia a casa cai". Numa tarde, quando estava na corretora de imóveis, recebe um telefonema. Era a secretária da emissora de televisão em que trabalhava à noite. Estranhou saber que o proprietário queria falar com ele imediatamente. Largou tudo e foi até a emissora.

Chegando lá, além do dono, encontrou reunidos os diretores de várias áreas, todos esperando por ele. Usando a palavra, o chefe maior foi direto ao assunto. Há muito tempo vinham recebendo reclamações de clientes e funcionários. Olegário não podia continuar com aquele gênio irascível e belicoso. A "gota d'água" fora a veemente reclamação do presidente de uma grande franquia da cidade: sua esposa, dedicada a atividades filantrópicas, havia sido muito mal recebida por Olegário em uma de suas visitas à emissora.

Olegário que, se tivesse juízo, teria aceitado as críticas com silêncio e sabedoria, no entanto, despencou a gritar e a agredir verbalmente os diretores, acusando-os de "frouxos" e delatores. E ainda disse que, com o tempo que tinha de casa, nenhum deles tinha autoridade para criticá-lo. O proprietário, que jamais tinha presenciado semelhante comportamento, imediatamente exigiu sua retratação e, mais, que procurasse os ofendidos e pedisse desculpas.

Mais uma vez faltou juízo e ponderação a Olegário. Recusou-se a desculpar-se e o resultado veio no dia seguinte, quando recebeu o "bilhete azul" do departamento pessoal da empresa. Estava demitido, depois de vinte anos de casa.

Porém, como diria meu avô, "desgraça pouca é bobagem".No outro dia, os sócios da corretora em que trabalhava no período vespertino souberam do ocorrido. Solidários com a emissora de televisão, que era uma de suas melhores clientes, escandalizados com a descrição da cena ocorrida no dia anterior, e temerosos de que o agressivo Olegário "aprontasse" alguma e viesse a causar prejuízos e perda de sua clientela, demitiram-no, sumariamente.

O impossível acontecera. De uma hora para outra o "grande e prestigiado" Olegário deixava de ser uma das figuras mais respeitadas e bem remuneradas da cidade para conformar-se com aquilo que ele costumava chamar de "salário mixuruca" da empresa de petróleo.

Não mais festas, não mais bajuladores, e sim drásticas mudanças de nível social e de poder aquisitivo. Pior ainda foi o abalo emocional sofrido por Olegário. Com toda a capacidade que tinha, não obstante a idade – estava perto dos cinquenta –, conseguiria bom emprego com "o pé nas costas", facilmente. Mas e o ânimo? E a vergonha? Olegário limitou-se a tocar a vida humildemente.

E o "empreguinho", que ele tanto desprezava, passou a ser a sua única fonte de renda. Olegário vivia agora pelos cantos, arrasado e sem ânimo para qualquer reação. Sentia-se abandonado por toda a sociedade. Somente a esposa Amélia permanecia fiel e otimista ao seu lado.

E foi de Amélia que surgiu a ideia. Ele não poderia ter sido demitido pela emissora de TV daquela forma. Consideravam-no um autônomo e, com isso, nada havia sido pago a ele pelos vinte anos de casa. Muito a contragosto, Olegário contratou um advogado, que garantiu que a reivindicação era mais do que justa. Tratava-se de "causa ganha".

Com efeito, seis meses mais tarde Olegário fazia um acordo com a empresa e recebia polpuda indenização. Longe de considerar-se vencido, Olegário viu-se novamente investido de poder e dinheiro. Abriu um restaurante – Amélia tinha dotes culinários – e em pouco tempo lá estava ele de volta aos meios sociais. Emergia como fênix das cinzas. E voltava "com a corda toda", o mesmo autoritário dos velhos tempos.

E foi aí exatamente que Olegário tornou a "derrapar" no seu mau gênio, na sua agressividade e na sua prepotência.

Foi procurado pelo dono do prédio do restaurante, homem ambicioso que, vendo o progresso e a clientela de Olegário sempre crescente, vinha pleitear reajuste do aluguel. Queria mais dinheiro.

E Olegário? Tinha adquirido juízo? Aprendera com as dores anteriores? Não aprendera. Acreditando-se cheio de razões, esfregou o contrato na cara do proprietário do imóvel. A reação do locador foi fulminante. Pediu a desocupação do prédio a Olegário no prazo de trinta dias.

– Mas ele não tem esse direito! –, foi queixar-se Olegário ao seu advogado.

– Olegário, você, homem ligado ao comércio e locação de imóveis, nunca ouviu falar da "denúncia vazia", dispositivo aplicável à locação que permite ao proprietário pedir o imóvel após o término de um contrato por prazo determinado, valendo-se do direito da não prorrogação do contrato? Não sabia e mesmo assim destratou o dono e o enxotou. Ah, Olegário, você não tem jeito mesmo... –, desabafou o advogado.

Olegário levou a mão ao rosto, envergonhado e arrependido. Pensava principalmente na esposa, Amélia, que mais uma vez via os sonhos de paz e tranquilidade serem jogados no ralo por causa da irascibilidade do marido.

Com a perda do excelente ponto, Olegário foi obrigado a desmontar o restaurante. Passou algumas máquinas para o filho, que tinha um negócio do mesmo ramo, vendeu o restante das instalações e voltou a entrar de cabeça numa "fossa" de doer. Não tinha ânimo para mais nada.

Aposentara-se precocemente da empresa de combustíveis para livrar-se logo daquela atividade que não o agradava e, com isso, seu único ganho era uma aposentadoria muito modesta.

Iniciava-se para Olegário uma nova fase da vida, de frustração e saudade dos tempos áureos, como também de reflexão e de necessária adaptação ao caminho que agora teria que trilhar. A dor do arrependimento era quase insuportável. Por que Olegário não conseguia sofrear seu bendito gênio belicoso?

E mais uma vez Amélia, realmente uma esposa de verdade, foi seu aconchego e seu refúgio. Compreensiva, amorosa, não abriu a boca para criticá-lo. E ele agradecia a generosa mão de Deus por ter colocado ao seu lado aquela boa companheira.

Foi exatamente por meio de Amélia que surgiu a grande possibilidade de reencontro de Olegário com Deus e consigo mesmo. Secretamente, a esposa passou a frequentar um pequeno centro espírita da periferia, casa humilde, mas muito bem orientada pelo Senhor Ricardão.

O aumentativo devia-se à altura descomunal do dirigente. Mas, embora o tamanho e a natureza enérgica, Ricardo era muito querido por todos. Rigoroso na cobrança de compromissos religiosos, havia "colocado na linha" muitos marmanjos desajustados.

Olegário era infenso a qualquer tipo de culto religioso. Amélia sabia que convidá-lo à oração era pura perda de tempo. Agora, porém, a situação era outra, era o marido que a procurava, humilde, vencido, arrasado, buscando ajuda. E então Amélia criou coragem e fez o temido convite:

– Quer orar comigo?

Olegário olhou para Amélia, visivelmente surpreso.

– Orar? –, pensou.

Dava-se conta de que há muito tempo não rezava. Os primeiros passos que a finada mãezinha lhe ensinara, na infância, em direção a uma religião, logo foram abandonados na juventude. Olegário nunca mais adentrara em um templo religioso. Na verdade, tratava os sacerdotes com desprezo, os espíritas como fanáticos, e os crentes como bitolados.

Ocorre que a dor promove milagres em nosso coração, e somente o sofrimento, como diria Gandhi, é capaz de abrir a compreensão interior do homem. Olegário olhou fixamente nos olhos da esposa e, segurando-a pelos ombros, fez algo que Amélia nunca vira. Olegário chorou e ela, emocionada, viu lágrimas correrem pelo rosto do marido. Abraçou-o para confortá-lo e o ouviu dizer em alto e bom som:

— Se é a oração ao seu Deus que lhe dá a energia para me suportar e me apoiar, sim, está na hora de eu passar a ter uma religião. Nem eu mesmo mais me conformo com o meu modo de ser. Preciso mudar!

Inicialmente com passos vacilantes, sentindo-se um verdadeiro "peixe fora d'água", Olegário entrou de braços dados com Amélia no pequeno centro espírita. Imediatamente, o grupo de atendimento fraterno da casa rodeou o casal. Receberam-nos com carinho. Olegário foi sentindo o calorzinho agradável da solidariedade. Aquelas criaturas estavam realmente preocupadas com ele e fariam tudo que estivesse ao alcance deles para ajudá-lo e bem recebê-lo naquele ambiente, outrora considerado estranho por Olegário.

Finalmente Olegário criou juízo. Tornou-se membro ativo. Sob as orientações de Ricardão, fez o curso de iniciação à Doutrina Espírita. Utilizando-se de seus conhecimentos administrativos, passou a ajudar com as providências burocráticas da casa. E o gênio, melhorou? Muito. É bem verdade que Amélia leva-o agora sob rédea curta. Quando ele começa a "pôr as mangas de fora", ela fala com Ricardão, e lá vem o grupo de atendimento fraterno pedindo reunião com Olegário.

Vive hoje modestamente, mas encontrou paz. E mais do que isso, encontrou-se numa religião. Amélia não abre mão dessa tranquilidade, e Olegário está sendo encaminhado para o grupo que aplica passes magnéticos no centro, nas casas de doentes e em hospitais. Nunca esteve tão centrado e tão feliz. Encontrou-se com Deus. E não cansa de afirmar em alto e bom som:

— Abençoada esposa Amélia! Abençoado Ricardão! Abençoada Doutrina Espírita!

❧❦

Segundo J. Herculano Pires, renomado escritor espírita, o homem precisa "substituir as introjeções negativas e desordenadas do inconsciente por introjeções positivas e racionais". Para facilitar esse desiderato, Deus nos concede uma série de talentos para as nossas vidas. Temos que saber usá-los. Quando o poder sobe à nossa cabeça e passamos a usar mal os dons e as riquezas que nos foram dados por empréstimo, verdadeiros alarmes são disparados na espiritualidade.

Uma alma está para se transviar? Está para perder irremediavelmente o projeto de vida com que foi aquinhoado? Surgem dificuldades, doenças e limitações como verdadeiros alertas para que retomem o juízo e o equilíbrio. E se isso não acontece? Então, as dores se agravam, até que o indivíduo se ajuste novamente. Não foi pelo bem? Irá, com certeza, pela dor, até que passe a respirar e a vivenciar o sentimento, o positivo e o racional. Valorizemos os dons de Deus, respeitando-os como fiéis depositários dos talentos que nos foram confiados.

O oficial espírita e o cão

— "Violência gera violência! Quem com ferro fere, com ferro será ferido. Espírita que se preza evita a agressividade. A truculência não combina com a caridade que devemos cultivar diariamente em nossas vidas."

Aldrovando, o conhecido Capitão Matias, ouvia com atenção as palavras da oradora que visitava o centro espírita da pequena cidade. Cioso de sua boa reputação como oficial da polícia militar, Aldrovando pensava, dizendo para si mesmo:

— Ainda bem que trabalho numa cidade pequena e tranquila. Aqui nunca acontece nada. Felizmente! Acho que os bandidos ainda não nos acharam no mapa...

Realmente, a pequena cidade era calma. Capitão Matias tornara-se amigo de todos. A arma, desde os primeiros treinamentos, nunca mais usara. Não era bom de tiro. Fora um sacrifício passar nos exames da academia. Tornara-se espírita. Engajado, participava das campanhas, das palestras e colaborava no centro como podia. Sincero, procurava pautar sua vida profissional e familiar de acordo com as recomendações da Doutrina Espírita. E orava a Deus para que nunca precisasse usar da violência ou utilizar a arma que portava profissionalmente.

Até que um dia apareceu um cão na cidade. Como era de se esperar, aquela gente boa do interior sempre estava disposta a ajudar. Fosse velho, criança, visitante e até animal, qualquer um era bem recebido e bem tratado. Com o tempo, o cão ganhou até nome. Todos o chamavam carinhosamente de Bingo, uma referência aos seus latidos quando alguém lá do Clube da Terceira Idade "batia" a cartela, gritando triunfalmente.

De repente, a viatura do Capitão Matias recebe uma chamada de emergência da central. Aldrovando ouviu o soldado Cerigato falar preocupadamente para o Cabo Alcides:

– O Bingo ficou louco! O comandante recebeu um telefonema do prefeito e mandou matá-lo.

Naquela época, era a polícia que cuidava desses casos. Foi com visível preocupação que Aldrovando, acompanhado do cabo e do soldado, deslocou-se para o registro e verificação do ocorrido para, assim, tomar a devida providência. Chegando lá, encontrou o pobre cão amarrado, imobilizado, aguardando o seu destino.

O oficial espírita sentia-se mal com a situação. Matar

um animal indefeso? E as recomendações que tinha ouvido no centro? E os seus votos de mansuetude, afabilidade e serenidade? Fazer o quê? Tinha que cumprir o seu dever profissional e, então, deu a ordem:
– Cabo Alcides, vá lá e mate o animal!
Imediatamente o cabo repassou a ordem.
– Soldado Cerigato, vá lá e mate o animal.
Cerigato olhou para os dois superiores, olhou para o cão, municiou a arma e se aproximou do pobre cachorro, cuja boca espumava de fazer dó. Apontou a arma, olhou para Matias e Alcides e falou:
– Não consigo chefe! Tenho dó dele!
Nessa altura dos acontecimentos, já havia um monte de gente rodeando a cena. Bastava que encostasse uma viatura policial para que surgissem curiosos de todos os lados.
– Capitão, o soldado não quer cumprir a nossa ordem, o que faço?
Aldrovando percebeu a gravidade do problema. Diante de tanta plateia, tinha que tomar uma providência imediatamente.
– Então vá lá você, cabo, e mate o animal! – ordenou.
Cabo Alcides, que era sacristão da igreja da cidade, olhou para o Bingo, olhou para o capitão e disse:
– Vai me desculpar capitão. Nunca desobedeci a uma ordem sua. Mas, matar o Bingo? O que vou falar depois para o padre?
Não havia outro jeito. O oficial tinha que resolver o assunto. Dali a pouco o comandante e até o prefeito estariam ali, e como Aldrovando iria explicar? Diria que um bando de

frouxos não tinha coragem de matar um cão com hidrofobia?

Municiou a velha arma, nunca utilizada em ação e ruim de tiro que era, aproximou-se bem do pobre cão. O disparo teria que ser certeiro para não fazer o animal sofrer. Com a mão tremendo, Aldrovando orou silenciosamente. Os espíritos tinham que entender que ele estava só cumprindo o seu dever.

Bem na hora em que foi puxar o gatilho, ouviu-se um escandaloso grito:

– Bingo!

Era Dona Margarida, lá do Clube da Terceira Idade, bradando escandalosamente ao "bater sua cartela".

Bingo latiu e agitou-se. O tiro desviou da cabeça do animal e pegou exatamente na corda que o prendia. Bingo saiu em desabalada carreira, e sumiu na estrada...

Mais tarde, Aldrovando, ao mesmo tempo que agradecia, no seu modo de ver, a clara interferência dos bons espíritos que o pouparam da "atrocidade" que iria cometer, passava um "sabão" em Alcides e Cerigato, por terem desobedecido sua ordem.

Foi quando as coisas se aclararam. O farmacêutico Benedito havia colocado no lixo algumas caixas de "sonrisal" vencidas. Bingo, bisbilhotando os entulhos da farmácia, como fazia por todos os lugares em que passava, abocanhou algumas cápsulas. Daí a espuma da sua boca, simulando a hidrofobia.

Todos riram-se às escâncaras.

Quanto ao Bingo, nunca mais apareceu na cidade.

(Baseado em fato real narrado por Gilson, da cidade de Regente Feijó)

Nasceram para servir

"Uma série de acasos transformou a impossibilidade em dificuldade; esta se aplainou sem que eu tivesse feito o mínimo esforço" (Graciliano Ramos, *Viagem*, p. 7)

Sem saída! É como eu denominaria algumas situações em que tudo parece perdido. E, de repente, quase imperceptivelmente, as coisas vão se arrumando, se acomodando e, sem muitos sobressaltos, até nos esquecemos do assunto. Mais tarde, olhando para trás, percebemos o perigo e a terrível situação de que nos safamos. Como? O materialista creditará ao acaso. O religioso, à proteção de Deus. O que acontece efetivamente nesse processo? A solução vem do nada, ou misticamente temos que reconhecer a imponderável presença do invisível? As religiões admitem a existência de anjos, protetores espirituais e guias, mas às vezes esses bons espíritos não estão invisíveis e nem distantes. Podemos encontrá-los aqui mesmo, fisicamente ao nosso lado, tentando nos ajudar, aplanar nossos caminhos, minimizando nossas dores e reequilibrando nossos espíritos.

MARIA ALTA

Dona Maria Alta nunca cobrou um centavo por suas benzeduras. Sempre atendeu quem a procurasse, em qualquer hora do dia ou da noite. Inúmeras são as curas a ela atribuídas.

Uma delas chamou a atenção até das autoridades médicas da Bahia. Depois de um acidente de carro, João Mário Matheus estava se preparando para uma cirurgia de amputação da perna. Sua mãe, que morava em São Paulo, deslocou-se para a cidade de Marília, no interior do estado. Depois de concentrações e preces à distância, Mário foi para o hospital. Ao retirarem as ataduras da perna condenada, os médicos se surpreenderam com a extraordinária recuperação da lesão. Hoje o paciente locomove-se normalmente.

Dona Maria José de Souza Pinto, mesmo com mais de 90 anos, sempre recebeu as pessoas doentes. Nunca se considerou uma pessoa extraordinária. Espírita, sempre fez questão de manter seus estudos e o contato com os protetores espirituais. Perguntada pelo repórter se todas as religiões levam a Deus, respondeu:

– Nenhuma! O que nos leva a Deus é a nossa conduta, o nosso comportamento, são os nossos atos. Se você for merecedor, vai ter sua graça atendida.

MANOEL SAAD

Regina e Gilson já estavam com três filhos. Os problemas cirúrgicos acompanhavam Regina a cada gravidez. E veio então o aconselhamento do ginecologista de confiança da família:

– É melhor fechar a fábrica. Não garanto a vida de Regina se ela engravidar novamente.

Gilson, marido prestimoso, sempre cioso de suas obrigações, imediatamente concordou. Se a esposa corria algum risco, era melhor proceder à sua laqueadura para poupá-la de riscos futuros. E como ficava a previsão de Manoel?

Manoel Saad era um dos médiuns mais seguros, sinceros e sensíveis que Gilson já havia conhecido. Diga-se de passagem, conheci pessoalmente o sensitivo citado, de Marília. Quando esteve em Bauru, sem mesmo conhecer-me, fez revelações e previsões que, agora, 30 anos mais tarde, mesmo depois do seu desencarne, se confirmam.

Mas voltemos à história de Gilson e Regina.

Assim que se casaram, Manoel havia dito que eles teriam quatro filhos. Como ficava agora sua previsão? Errara? Depois da cirurgia esterilizadora de Regina, foram conversar com ele.

– Como ficamos? –, perguntou Gilson, abruptamente. Tinha liberdade de falar nesse tom com o médium. – Dessa vez você errou?

Manoel, com o seu tom afável de sempre, uma leve gagueira e gestos carinhosos, pegou as mãos de Gilson, olhou bem nos seus olhos e disse:

– Nessas coisas nunca erro, sargento. Prepare-se para seu quarto filho.

O militar sergipano ficou surpreso com a confirmação.

– Nesse caso, Manoel, devo preparar-me para uma adoção? Regina não pode mais ter filhos.

Estou até vendo o sorriso de Manoel, dizendo:

– Nada disso. Virá da barriga mesmo!

Num gesto característico, Gilson coçou a cabeça com a mão direita e ouviu estas palavras do médium:

– Para Deus, nada é impossível!

Gilson e Regina saíram do Hospital Espírita de Marília ensimesmados. Meses mais tarde, surgiram os sintomas. O ginecologista, naturalmente, debitou o atraso da menstruação de Regina à idade e aos hormônios. Dias mais tarde, veio a confirmação laboratorial do "problema hormonal": Regina estava grávida pela quarta vez. Manoel mais uma vez acertara em cima. Explicação? Até hoje o ginecologista não sabe o que aconteceu, pois ele mesmo havia pessoalmente feito a cirurgia de esterilização de Regina.

SEBASTIÃO PAIVA

Chico Xavier queria viver a própria vida. Perguntou a Emmanuel se não estava na hora de exercer seu livre-arbítrio e terminar a sua jornada com mais tranquilidade.

– Não pode! -, teria dito Emmanuel, como está no livro *As vidas de Chico Xavier*. Sua vida foi desapropriada. A vida de Chico fora desapropriada para que ele dedicasse seu tempo integral à intermediação dos espíritos.

Em interessante artigo, a escritora bauruense Isolina Bresolin Vianna faz uma correlação entre a missão de Chico e a de Sebastião Paiva, de Bauru. Ambos nasceram no mesmo mês de abril. Sebastião Paiva também teve sua vida desapropriada para servir o próximo, cuidar de crianças, doentes, idosos e carentes de toda sorte. Teve como marca a ousadia, a ousadia do bem. Ao lado de outro corajoso benemérito, Roberto Previdello, deu os passos para a consolidação da histórica Sociedade Beneficente Cristã, hoje denominada Fundação Espírita Sebastião Paiva.

É impossível registrar exatamente quantas criaturas foram beneficiadas por esses "desapropriados" da vida, que propiciaram a construção de novos destinos e histórias. Geralmente a mídia dá muito destaque à ação dos facínoras da história. Este é o momento de destacarmos a ousadia generosa de Sebastião Paiva. Seu Paiva, como carinhosamente é conhecido, está com mais de um século de vida e jamais abdicou da sua tarefa de dedicação integral ao próximo, sendo um exemplo da verdadeira e legítima caridade.

ಸಿಂ

Dona Maria Alta, Manoel Saad e Sebastião Paiva fazem parte de uma plêiade de espíritos destacados por Deus para nos aliviar, nos consolar e nos proteger. Esses sinceros e dedicados servidores souberam honrar a grandiosa missão que lhes foi outorgada.

Servem de exemplo não apenas pelo apostolado de amor a que se dedicaram, mas principalmente pelas lições que passam do seu comportamento. Recebem assistência direta do Alto, porque sempre agiram com humildade e desinteresse. Aconselham e amparam, estão ao nosso lado, mas ao mesmo tempo nos convidam à reflexão.

A felicidade está bem aí. Ela, porém, não vem através de rezas, promessas, contribuições, vibrações ou milagres encomendados. É o resultado do nosso comportamento, de nossas atitudes, da melhoria do nosso interior, da renovação de nossos velhos paradigmas. Eles nasceram para servir, serviram e continuam servindo. Não são criaturas privilegiadas. Simplesmente, assumiram compromissos e os cumpriram.

Um cadáver muito vivo

1958. Morávamos em Bebedouro. Trabalhávamos durante o dia e, à noite, frequentávamos o centro espírita. Concentrados, aguardávamos a comunicação do guia espiritual que encerraria a reunião. Pai Ernesto sempre tinha uma palavra de carinho ou orientação para todos os frequentadores. Após as saudações, discorreu brevemente sobre o tema evangélico da noite, concitando todos nós à prática do bem.

Ao final, dirigiu-se especificamente a mim e a minha esposa:

– Zezinho e Ernestina!

– Estamos aqui, Pai Ernesto.

– Josino está doente (Josino era irmão de Ernestina). Precisa da ajuda de vocês lá em Catanduva. Vocês precisam visitá-lo, logo!

Josino se mudara para Catanduva havia três meses em busca de trabalho melhor. Naquela época, as comunicações e as estradas eram muito precárias. Não tínhamos notícia do cunhado desde sua partida. A mensagem do espírito nos deixou profundamente preocupados.

Com crianças pequenas e dinheiro curto, decidimos que na madrugada do dia seguinte eu iria pegar o ônibus-jardineira para Catanduva. Ernestina ficaria em Bebedouro, cuidando dos pequenos.

E o que aconteceu naquela viagem ficou para sempre na história. Madrugada, chovendo muito, peguei a jardineira. Como único meio de transporte, logo o veículo ficou lotado. Estrada barrenta, um pinga-pinga em todas as fazendas do trecho. Foi quando apareceu Toshio. O motorista foi logo falando:

– Japonês, não há mais lugar aqui dentro. Só em cima do ônibus.

Contrariado, Toshio não teve alternativa. Subiu para o gradil superior, onde estavam amarradas as malas e as encomendas.

No meio das mercadorias, havia nada menos do que um caixão de defunto. E o povo achava absolutamente natural aquela convivência entre passageiros e encomendas. Não havia outro jeito. Espertamente, para esconder-se da chuva que não parava, o japonês entrou no caixão. Com o sacolejar do ônibus, bem acomodado, Toshio dormiu. E outros passageiros foram recolhidos durante o percurso, até que no teto do ônibus não cabia mais qualquer viva alma.

Lotada, vencendo o barro, a jardineira aproximava-se valentemente de Catanduva. Numa curva mais acentuada, Toshio acordou. Lentamente levantou a tampa do caixão de defunto e inocentemente perguntou aos demais passageiros de cima do ônibus:

– Parou a chuva?

Do interior, vimos uma "chuva de gente". Todos os passageiros de cima do ônibus pularam para o barro da estrada. Só sobrou o japonês.

Espantado, Toshio tentava explicar-se ao motorista, que parou a jardineira imediatamente:

– Eu só perguntei se a chuva tinha parado...

Quando cheguei para visitar meu cunhado, logo constatei que seu problema era mais espiritual do que físico. Contei a ele que tinha sabido da sua doença através do guia espiritual do nosso centro espírita. Mas, a sua melhora começou mesmo quando lhe contei a história do japonês que havia saído do caixão, colocando em polvorosa os passageiros que presenciaram o "fenômeno". As boas risadas desopilaram seu fígado. A história do cadáver que renasceu ainda é contada pelos mais antigos de Bebedouro e de Catanduva. Até hoje há pessoas que juram ter visto o cadáver de um japonês "renascendo" em cima de uma jardineira barrenta.

Nota do Autor: Não obstante esta mesma história ter sido veiculada por muitos órgãos de comunicação, inclusive com ilustrações, esta é a história original, que me foi contada pelo próprio protagonista do episódio. As demais são reproduções do original.

PSIU!
Adeilson Salles
(Pocket book)

PSIU!
É com você mesmo que estou falando. Quantos sofrimentos experimentamos, alimentados pelas expectativas que criamos em relação aos outros? Esse livro, fala direto a sua razão e toca o seu coração. Psiu! A vida te envia recados diários. Preste atenção!

MAIS UMA VEZ É PRECISO RECOMEÇAR

Marise Ceban
pelo espírito Sofia

*Sequência do romance Sibéria, berço da renovação, a continuidade da história de Sofia (Espírito-autor), apresenta escrita fluente e uma trama que cativa o leitor do começo ao fim.
Da Sibéria para o Brasil, Sofia (agora Lídia) narra todo o processo de redenção de uma alma, bem como do grupo de espíritos que lhe é afim.
Um exemplo de persistência fortalecida pela fé, sua história de vida torna inesquecível o fato de que temos sempre a possibilidade de recomeçar.*

DESPERTANDO SOB CHAMAS

Antonio Lúcio
pelo espírito Luciano

É evidente que as ocorrências diárias, nascidas das mentes trevosas, acabam afetando em primeiro lugar aqueles que brincam com fogo; ainda mais de quem dorme renteando uma fogueira! Os que adormecem sem cautela poderão acabar: Despertando sob chamas!

Assim é que muitas mentes desequilibradas e envolvidas nas brumas das tristes lembranças enfrentam terríveis pesadelos ao reviverem as reminiscências do passado.

O mergulho no Oceano das formas físicas é sempre o melhor remédio para esquecer os desacertos do passado e partir em busca da renovação!

CTP•Impressão•Acabamento
Com arquivos fornecidos pelo Editor

EDITORA e GRÁFICA
VIDA & CONSCIÊNCIA

R. Agostinho Gomes, 2312 • Ipiranga • SP
Fone/fax: (11) 3577-3200 / 3577-3201
e-mail:grafica@vidaeconsciencia.com.br
site: www.vidaeconsciencia.com.br